U1014236

内蒙古自治区

社区协商优秀案例选编

NEIMENGGU ZIZHIQU

SHEQU XIESHANG YOUXIU ANLI XUANBIAN

内蒙古自治区党委宣传部
内蒙古自治区民政厅
组织编写

中国社会出版社
国家一级出版社 · 全国百佳图书出版单位

图书在版编目（CIP）数据

内蒙古自治区社区协商优秀案例选编／内蒙古自治区党委宣传部，内蒙古自治区民政厅组织编写．—北京：中国社会出版社，2021.11

ISBN 978-7-5087-6619-5

Ⅰ.①内…　Ⅱ.①内…　②内…　Ⅲ.①社区管理—案例—内蒙古　Ⅳ.①D669.3

中国版本图书馆 CIP 数据核字（2021）第 190208 号

书　　名：内蒙古自治区社区协商优秀案例选编
编　　者：内蒙古自治区党委宣传部
　　　　　内蒙古自治区民政厅

出 版 人：浦善新
终 审 人：李　浩
责任编辑：杨春岩

出版发行：中国社会出版社　**邮政编码：**100032
通联方式：北京市西城区二龙路甲 33 号
电　　话：编辑室：（010）58124829
　　　　　销售部：（010）58124848
　　　　　传　真：（010）58124829
网　　址：shcbs.mca.gov.cn
经　　销：各地新华书店

中国社会出版社天猫旗舰店

印刷装订：河北鑫兆源印刷有限公司
开　　本：170mm×240mm　1/16
印　　张：14
字　　数：204 千字
版　　次：2021 年 11 月第 1 版
印　　次：2021 年 11 月第 1 次印刷
定　　价：58.00 元

中国社会出版社微信公众号

《内蒙古自治区社区协商优秀案例选编》编委会

序 言

自古以来，我国就有天下为公、兼容并蓄、求同存异等协商文化。在中华文明几千年绵延不绝的历史长河中，协商文化孕育于中华优秀传统文化的母体之中，得益于中华优秀传统文化的精神滋养，是中华民族非常重要的思维方式和民族特征。

习近平总书记在党的十九大报告中强调，协商民主是实现党的领导的重要方式，是我国社会主义民主政治的特有形式和独特优势。城乡社区协商作为中国特色社会主义民主政治建设的重要组成部分，是最广泛、最直接、最生动的社会主义民主协商形式。深入推进城乡社区协商，紧紧抓住基层工作的牛鼻子，有序引导城乡居民在社区公共事务和公益事业中依法自我管理、自我服务、自我教育、自我监督，对于密切党群、干群关系，促进社会和谐稳定，推动实现社会治理体系和治理能力现代化具有十分重要的意义。

进入新时代以来，随着社会利益格局发生深刻变化，公众价值观念呈现多元化，合理表达利益诉求的需要越发强烈，参与意识逐渐形成。我区各级党委、政府尊重民众意愿，坚持推进社区协商，促进形成城乡社区有事多协商、遇事多协商的协商共治局面，“社区议事”“楼院自治”“民主恳谈”等协商模式不断涌现，形成了大量的基层民主创新实践，有效维护了广大群众切身利益、促进了社会和谐进步。

本书收录的50个典型案例，既有生动故事又有案例点评，既有场景描述又有理性思考，为我们展示了一幅幅城乡社会协商治理的生动画卷，值得认真学习、传承和发扬。

《内蒙古自治区社区协商优秀案例选编》是全区各级党委、政府鼓励引导城乡社区积极探索、大胆创新的典型经验，是城乡社区积极解决社区治理中的热点、难点问题的创新实践。让我们同心协力，推进城乡社区协商工作制度化、规范化和程序化，坚持党建统领，推动形成政府治理同社会调节、居民自治良性互动的良好局面，促进基层社会既和谐有序又充满活力。

“一切为民者，则民向往之。”在此谨向坚守岗位、全心全意为居民服务的广大社区工作者致敬！

是为序。

内蒙古自治区党委宣传部副部长、文明办主任

2021 年 2 月

前　言

党的十九大报告指出，“发挥社会主义协商民主重要作用。有事好商量，众人的事情由众人商量，是人民民主的真谛”。2015年7月，中共中央办公厅、国务院办公厅印发《关于加强城乡社区协商的意见》，对城乡社区协商作出整体部署，要求将城乡社区协商贯穿于党组织领导的充满活力的基层群众自治全过程，这是新时期中国共产党治国理政一项新的制度安排。

近年来，在自治区党委、政府的坚强领导下，自治区民政系统立足实际，围绕完善城乡社区治理体制机制、提升城乡社区服务水平、提高城乡社区治理能力目标要求，不断拓宽社区协商范围和渠道，丰富协商内容和形式，保障城乡居民充分行使民主权利，推动全区城乡社区协商取得积极进展。

为进一步讲好城乡社区协商的“内蒙古故事”，深入总结、全面推广我区社区协商工作经验，自治区党委宣传部和民政厅从实践问题出发，面向全区基层社区开展了征集社区协商优秀案例活动，对最终评选出的社区协商优秀案例和其他协商优秀案例进行了遴选收录，这些案例既包括解决调处生活难题、居民矛盾的典型经验，也有与共建单位、物业公司积极协商的优秀案例，协商主体明确、对象广泛、流程清晰，具有可操作、可复制、可推广等特点。

希望从事社区工作的同志们，以总结宣传学习社区协商优秀案例活动为契机，持之以恒地推动我区城乡社区协商各项措施落到实处，营造更加宽松的协商氛围，取得更加丰富的协商效果，建设更加和谐的城乡社区。

内蒙古自治区民政厅厅长

2021 年 4 月

内蒙古自治区党委办公厅
自治区人民政府办公厅
印发《关于加强城乡社区协商的实施意见》的通知

内党办发〔2016〕45号

各盟市委，盟行政公署、市人民政府，自治区各部、委、办厅、局和各人民团体：

《关于加强城乡社区协商的实施意见》已经自治区党委、政府同意，现印发你们，请结合实际认真贯彻执行。

中共内蒙古自治区委员会办公厅

内蒙古自治区人民政府办公厅

2016年11月15日

关于加强城乡社区协商的实施意见

城乡社区协商是基层群众自治的生动实践，是社会主义协商民主建设的重要组成部分和有效实现形式。为深入贯彻落实《中共中央办公厅、国务院办公厅印发〈关于加强城乡社区协商的意见〉的通知》（中办发〔2015〕41号）精神，切实加强城乡社区协商工作，充分发挥城乡社区协商在维护社会稳定、凝聚各方共识、汇聚各方力量等方面的重要作用，结合自治区实际，提出如下实施意见。

一、总体要求

（一）指导思想

全面贯彻党的十八大和十八届三中、四中、五中、六中全会精神，以邓小平理论、“三个代表”重要思想、科学发展观为指导，深入贯彻习近平总书记系列重要讲话和考察内蒙古重要讲话精神，坚持党的领导、人民当家做主、依法治国有机统一，充分发挥社会主义制度的优越性，按照协商于民、协商为民的要求，以健全基层党组织领导的充满活力的基层群众自治机制为目标，以扩大有序参与、推进信息公开、加强议事协商、强化权力监督为重点，拓宽协商范围和渠道，丰富协商内容和形式，保障人民群众享有更多更切实的民主权利。

（二）基本原则

坚持党的领导，发挥嘎查村（社区）党组织在基层协商中的领导核心作用。坚持基层群众自治制度，充分保障群众的知情权、参与权、表达权、监督权，促进群众依法自我管理、自我服务、自我教育、自我监督。坚持依法协商，在法律法规范围内组织城乡居民开展协商活动，确保协商活动有序稳妥进行、协商结果合法有效。坚持民主集中制，正确处理发扬民主和提高效率的关系，既依靠群众、发扬民主，又要防止议而不决、决而不行。坚持协商于决策之前和决策实施之中，增强决策的科学性和实效性。坚持改革创新，尊重群众首创精神，根据不同地域特点、发展水平和利益诉求，开展形式多样的社区协商实践，逐步实现社区协商制度化规范化常态化。坚持广泛参与，注重参与协商人员的广泛性和代表性，增强协商公信力。

（三）总体目标

到2020年，基本形成协商主体广泛、内容丰富、形式多样、程序科学、制度健全、成效显著、保障有力、群众满意的城乡社区协商新局面。

二、主要任务

（四）明确协商内容

根据各地经济社会发展实际，针对不同渠道、不同层次、不同利益主体、不同地域特点，合理确定协商内容。协商内容主要包括：城乡经济社会发展与本嘎查村（社区）居民切身利益密切相关，需与居民共同协商实施的公共事务与公益事业；法律法规和政策明确要求协商的事项；党和政府的方针政策、重点工作部署在城乡社区的落实；本嘎查村（社区）居民反映强烈、迫切要求解决的实际困难问题和矛盾纠纷；各类协商主体提出协商需求的事项。

（五）确定协商主体

发挥嘎查村（社区）党组织和基层群众自治组织在社区协商中的统筹协调作用，涉及嘎查村（社区）公共事务和居民切身利益的事项，由嘎查村（社区）党组织、嘎查村（居）民委员会牵头，组织利益相关方进行协商。涉及两个以上嘎查村（社区）的重要事项，单靠某一嘎查村（社区）无法开展协商时，由苏木乡镇、街道党委（党工委）牵头组织开展协商。专业性、技术性较强的事项，协商组织者可邀请相关专家学者、专业技术人员、第三方机构等进行论证评估。协商中应当吸纳威望高、办事公道的老党员、老干部、群众代表，党代表、人大代表、政协委员，以及基层群团组织负责人、社会工作者参与。利益相关者不愿参加协商的，嘎查村（居）民委员会应当在尊重本人意愿的前提下动员其参与协商。因特殊原因不能出席协商活动的利益相关者，可将其书面意见交协商组织者代为参与协商。

（六）拓展协商形式

结合社区条件和具体协商事项，因地制宜开展灵活多样的协商活动。结合参与主体情况，探索运用嘎查村（居）民议事会、嘎查村（居）民理事会、小区协商、业主协商、嘎查村（居）民决策听证、民主评议等形式开展协商。建立民情恳谈日、社区（驻村）警务室开放日等制度，依托社区人大代表之家、嘎查村（居）民论坛、妇女之家、民族之家等平台开展协商活动，畅通民意表达渠道，及时排查化解矛盾纠纷。建立社情民意网络征集渠道，为城乡社区居民搭建网络协商平台。对老年人、残疾人等不便出行人员，由嘎查村（居）民委员会入户征求意见，有条件的也可以组织入户协商。交通不便地区及偏远地区可将数件协商事宜集中协商。完善嘎查村（居）民会议、嘎查村（居）民代表会议制度和嘎查村（居）务公开制度，促进票决民主与协商民主有效衔接。

（七）规范协商程序

严格按照协商程序开展协商，确保协商程序规范、协商结果有效，推动问题得到有效解决。协商的一般程序是：嘎查村（社区）党组织、嘎查村（居）民委员会在充分征求各方意见的基础上，通过集体讨论研究提出协商议题，并确定参与协商的各类主体；通过多种方式，向参与协商的各类主体提前通报协商内容和相关信息；组织开展协商，确保各类主体充分发表意见建议，形成协商意见；组织实施协商成果，向协商主体、利益相关方和居民反馈落实情况，并通过多种渠道公示；对涉及面广、关注度高的事项，要经过专题议事会、民主听证会等程序进行协商；需要重新协商或补充协商的，按照上述程序重新协商。通过协商无法解决或存在较大争议的问题或事项，应当提交嘎查村（居）民会议或嘎查村（居）民代表会议决定。涉及两个或两个以上嘎查村（社区）的协商程序，由苏木乡镇、街道党委（党工委）研究确定。嘎查村（居）务监督委员会要充分发挥监督作用，全程参与协商工作。

（八）运用协商成果

建立健全协商成果采纳、落实和反馈机制，确保协商成果有效落实。协商成果应通过契约、协议等文本形式确定，需相关利益主体履行义务的，由相关责任人确认签字，有条件的地方可进行公证。需要嘎查村（社区）落实的事项，嘎查村（社区）党组织、嘎查村（居）民委员会应当及时组织实施，落实情况要在规定期限内通过嘎查村（居）务公开栏、社区刊物、嘎查村（社区）网络论坛等渠道公开，接受群众监督。受政府或有关部门委托的协商事项，协商结果要及时向基层政府或有关部门报告，基层政府和有关部门要认真研究吸纳，并以适当方式反馈。对协商过程中持不同意见的群众，协商组织者要及时做好解释说明工作。协商结果违反法律法规的，基层政府应当依法纠正，并做好法治宣传教育工作。

三、保障措施

（九）加强党的领导

嘎查村（社区）党组织要加强对协商工作的组织领导，注意研究解决协商中的困难和问题，及时向苏木乡镇、街道党委（党工委）、政府提出工作建议。积极探索扩大党内基层民主的实现形式，全面推进嘎查村（社区）党务公开，建立健全党代表联系群众制度，以党内民主带动和促进城乡社区协商发展。加强基层党组织和党员队伍建设，鼓励和支持党员干部积极参与协商活动，切实发挥基层党组织战斗堡垒作用和党员先锋模范作用，引领城乡居民和各方力量广泛参与协商实践。

（十）健全工作机制

民政部门要会同组织等有关部门认真做好协商工作的指导和督促落实。推进苏木乡镇、街道协商民主建设，提高苏木乡镇、街道指导嘎查村（社区）协商活动的能力和水平。建立健全苏木乡镇、街道协商与嘎查村、社区协商的联动机制，推动协商工作深入开展。加强分类指导，针对地广人稀、居住分散、交通不便的农村牧区以及少数民族聚居地区的特点，单独设计协商方案，提高协商的针对性、有效性。开展城乡社区协商示范点建设，发挥引领带动作用。

（十一）强化工作支持

加大财政投入力度，通过嘎查村级组织运转经费保障机制、社区组织和办公经费投入机制等现有渠道，为城乡社区协商提供资金支持。鼓励有条件的社区探索设立社区建设公益基金会，吸纳驻社区单位、企业、社会组织和个人资金，切实加强资金管理。推进苏木乡镇、街道和城乡社区信息化建设，深入开展智慧社区、智慧村庄试点示范，搭建城乡社区综合信息平台，强化信息整合共享和信息安全保障，有序开放职能部门业务数据信息资源，为城乡社区协商提供信息支撑。

（十二）营造良好氛围

倡导协商精神，培育协商文化，引导群众依法表达意见，积极参与协商。开展基层干部和嘎查村（社区）工作人员专题培训，提高组织协商工作的能力和水平。广泛开展政策宣传，普及法律知识，帮助城乡社区居民掌握并有效运用协商的方法和程序，营造全社会关心、支持、参与城乡社区协商的良好氛围。

各级党委、政府要结合实际研究制定加强城乡社区协商的具体办法，各旗县（市、区）要建立城乡社区协商目录，指导苏木乡镇、街道和城乡社区完善协商内容。

内蒙古自治区党委宣传部、内蒙古自治区民政厅《关于对全区优秀社区协商案例进行宣传推广》的通知

内民政发〔2020〕50号

各盟市委宣传部、民政局，满洲里市委宣传部、民政局，二连浩特市委宣传部、民政和社区建设管理局：

为深入学习贯彻习近平总书记关于社区治理的重要论述和《中共中央、国务院关于加强和完善城乡社区治理的意见》，全区城乡社区积极参加各类学习培训，学习借鉴区外先进地区成功经验，在推进基层群众自治、开展社区协商等方面进行了有益探索实践，总结出一批好做法。为推广宣传好经验好做法，提供学习的好样本，自治区民政厅在全区组织开展了“社区协商典型案例展示活动”，经旗县选报、盟市初审、专家评审等程序，决定对呼和浩特市回民区中山西路“居民家中不夜城　社区破题解民忧”等47个社区协商案例进行宣传推广。47个案例既包括解决调处生活难题、居民矛盾的案例，也包括与共建单位、物业公司等单位协商的案例，协商主体明确、协商对象广泛、协商流程清晰，具有可推广、可复制的特点，是近年来全区城乡社区协商工作的综合性总结。

获得优秀协商案例的城乡社区要再接再厉，积极探索，充分发挥典型示范作用，进一步推进居民自治，促进社区治理。各地区要以优秀社区协商案例的展示工作为抓手，多种形式开展优秀社区协商案例学习交流活动，支持和指导本地区城乡社区开展工作，组织动员居民和各协商主体参

与到民主协商过程中，提高居民自治意识和协商意识，不断推进居民自治，实现居民群众的民主选举、民主决策、民主管理、民主监督，持续提升我区社区治理工作整体水平。

附件：全区优秀社区协商案例名单（略）

内蒙古自治区党委宣传部

内蒙古自治区民政厅

2020 年 4 月 9 日

目 录

居民家中“不夜城” 社区破题解民忧

呼和浩特市回民区中山西路街道吕祖庙街社区

| 社区简介 |

吕祖庙街社区地处呼和浩特市中山西路商业街，辖区面积0.62平方千米。辖区内有小区18个，共3078户，总人口8581人，包括回、蒙古、满、朝鲜、达斡尔、锡伯等13个少数民族，其中回族3400余人，占总人口的近40%，蒙古族600余人。少数民族流动人口将近1000人，是一个典型的多民族聚居社区。辖区内有青城公园、“119”消防中心、中山西路派出所、中山西路回族小学等近200家驻区单位和清真东寺1座。

中山西路街道人大工委运用大数据做好基层人大工作，在法制的框架下积极探索，在辖区设置了多处“民情气象站”触控终端，开通了人民群众向基层人大直接表达民意诉求的“直通车”，旨在充分了解和准确掌握人民群众对美好生活的需求，并将多样化、个性化的民情大数据通过“民情气象站”平台收集统计，为基层人大聚焦民生提供数据支撑，为满足人民日益增长的美好生活需要提供基层实践。

| 案例详述 |

“打今年春天就看着这里建设便民市场，早就盼着新市场快点儿开业了。”家住心月小区的居民李阿姨高兴地说着。为解决辖区居民买菜难的问题，中山西路街道落实民生实事项目工程，于2020年4月起规划建设吕祖庙街社区便民市场，市场辐射心月小区、世纪御园、城市之光、鸿智小区等多个居民区，便民市场的建成让周围小区的居民在自家楼下随时可以买到新鲜的瓜果和满意的蔬菜。

国庆节期间，便民市场开始试营业。市场为居民提供了便利优质服务，但也增添了新的麻烦：市场楼顶上面制作的“吕祖庙街社区便民市场”十个大字的霓虹灯广告招牌正面对着心月小区6号楼的居民住户，招牌灯光在夜里变成了“探照灯”，直射到居民房间里，黑夜犹如白昼，就算是把窗帘拉得严严实实也很难遮挡外面的强光，这样的状况影响着6号楼每一户居民的日常生活。

10月11日上午，居民们实在无法忍受光线给自家带来的污染，以心月小区业委会主任为代表的居民团8人一起来到居委会反映实际情况，寻求解决问题的办法。家住6号楼1单元6楼中户的居民白先生说：“我家客厅、厨房和卧室都面对着市场，晚上灯光闪得难以入睡，白天就没精神上班，直接影响着家人的休息和工作。再看看这儿，前天做晚饭切菜的时候，灯光闪得头晕心慌，竟然切破了自己的手指，现在还在疼……”边说边抬起包扎着纱布的左手中指给社区主任看。家住6号楼2单元5楼西户的马女士着急插话说：“孩子每天写作业拉上窗帘都遮不住外面的彩光，护眼灯也受到外面彩灯的干扰，长久下去肯定会影响孩子的视力。”6号楼3单元2楼西户的韩大爷慢言慢语：“我们从网上也查询了光污染的危害，不仅会损害身体健康，还会让人心情烦躁，甚至诱发癌症。”……社区居民你一言我一语地陷入了各种嘈杂声中，所有在场的居民一致的意见是“拆拆拆”！

针对光污染居民的情况，社区干部在夜晚走访了心月小区6号楼的居民住户，实地了解到市场的彩灯确实照入居民家中，影响到居民的起居生活。随即，社区联系到便民市场部董经理，说明光污染情况，市场方以晚上市场还在营业中为由不同意拆灯，而后给出的方案是市场方先进行自行调光，把光线弱化，看居民是否满意。

10月22日下午，心月小区居民代表团9人来到居委会，对光污染事实进行再次协商，他们均表示不满意整改后的调光方案，提出没有解决根本问题，彩光还继续影响生活，眼睛无法适应。当天夜里，社区干部再次入户实地查看，并将实际情况反馈给便民市场部董经理，经过社区反复多次与市场部协商，市场部最终决定更换方案，花费 6000 元重新购买设备，从源头上治理光线污染，并表态坚决做到不扰民。居民们对这一次的处理结果均表示满意。

社区的一方是居民，另一方是便民市场部商家，夹在两方中间的是社区居委会。经过“居民提出问题—实地入户走访—协商市场部商家作出整改措施—居民是否满意”四个步骤，经历三次甚至多次协商，有争、有吵、有哭、有闹，直到有说、有笑，相互之间以和相待，每一次的协商距离最终的满意结果会更近一步，而在此协商的过程中，凝聚着每一位社区工作人员爱岗敬业的无私奉献精神，践行了每一位社区工作人员真诚为民服务的初心使命。

| 案例点评 |

该案例选取了便民市场光污染影响社区居民日常生活的问题作为协商议题。在社区居委会的积极努力下，经过了“居民提出问题—实地入户走访—协商市场部商家作出整改措施—居民是否满意”四个步骤和多次协商，在广泛征求多方意见的基础上，最终解决了关乎居民群众切身利益的问题。这一案例提示我们：社区民主协商并非一定要以会议的形式进行，社区民主协商的目的是解决或回应社区居民的问题，只要能解决群众的现实困难，协商形式可以丰富多彩。

在本案例中，业主委员会体现了它的作用。业主委员会是由业主选举出的业主代表组成的，通过执行业主大会的决定代表业主的利益，向社会各方反映业主意愿和要求，是居民自治的重要组织形式。在民主协商的过程中，积极发挥业主委员会的作用，以期在社区居民中形成积极参与社区事务和民主协商的氛围。

小区“车友群”缓解“停车难”

呼和浩特市回民区光明路街道龙翔苑社区

| 社区简介 |

龙翔苑社区位于回民区光明路南侧，辖区面积 0.7 平方千米，总户数 2403 户，总人数 5177 人，是典型的纯居民小区。龙翔苑社区共管理 15 个小区，一处平房区，社区居民 80%以上为下岗职工。社区党支部成立于 2005 年 7 月，目前共有在册党员 49 人。

龙翔苑社区紧紧围绕新发展理念，创新工作思路，以抓班子队伍建设为基础，以服务居民群众为目的，积极打造社区特色服务品牌。一是创新党建工作模式，以“一社区一特色一品牌”为抓手，深化开展“在职党员进社区”活动，注重增强在职党员参与服务的针对性和实效性，在全面组织在职党员进社区报到的基础上，采取“分散+集约”相结合的方式，深化在职党员进社区活动，组织广大在职党员围绕绿化美化养护员、社区服务协理员等“十大员”到社区入网格、领任务、作贡献，积极开展“分散式”服务。以在职党员所在部门（单位）党组织为单位，建立在职党员“社区服务队”，定期组团深入社区开展“集约式”服务，使在职党员进社区活动更贴近社区和群众的需求，真正发挥在职党员的作用。要求每名在职党员、每个服务团队填写《承诺书》，定期列出承诺事项、完成效果及时限。二是龙翔苑社区以群众路线教育实践活动为指导，本着“学习型、服务型、创新型、廉洁型”干部队伍相结合推进，以“和谐社区”构建为宗旨，“以人为本，服务居民”为原则，着力打造“综合提升社区”。夯实工作基础，完善公共配套建设，强化社区服务。社区建立了党建QQ群和“微党平台”，方便通知党员的学习和活动。三是丰富社区服务内容，根据居民需求将社区“4050”人员组织起义务维修队，将此队伍做强、做细。扩大义务维修队的人员及服务范围，义务维修队员作为社区与居民沟通的“桥梁”和通达民意的“窗口”，在原有为低保及低保边缘人员服务的基础上，现将空巢老人、残障人士及生活困难居民列为服务对象。谁家下水道堵了、自来水水龙头坏了、电源开关或插座失灵及门窗破损等情况，义务维修队员都会向社区及时反映并尽快维修，实现了居民需求与服务供给的有效对接。

| 案例详述 |

龙翔苑社区龙翔苑小区的路口，几个居民正在指挥工人安装停车道闸。路边人来人往，几个路人好奇地停下脚步，一位居民问：“终于有人来管理这个小区了吗?”原来，通过小区业委会的努力，困扰小区居民已久的停车难问题，终于要解决了。

小区乱停车问题，历来是小区管理的一大难题。龙翔苑小区有不少车就停在消防通道内，不仅严重阻碍交通，还带来了安全隐患。有居民反映：“巷子内人来车往，停车后更加狭窄，有一次一位居民行走时，就差点被车撞到。”

龙翔苑小区是老旧小区，没有专业的物业公司管理，小区环境乱、路面车辆无序停放。“小区是我家，管理靠大家”的口号大家都耳熟能详，但居民们对于小区事务的参与度往往不高。一边是想改善居住环境的强烈愿望，一边却是支出费用上的困扰。这个矛盾该如何化解?

为了解决车辆管理难题，在居民代表张先生和吴先生的倡议下建起了“车友群”，对小区内车辆进行登记，采集到了较为翔实的车辆数据。群主张先生和业主委员会人员联系居委会的工作人员一起想办法、出主意，结合小区实际情况，决定发动居民力量规划小区停车位，安装小区门禁，解决居民车辆乱停、小区外来车辆占道等问题。

这个消息在小区业主群和车友群一经发出，得到了全体业主和车友的一致支持，大家积极配合，小区内的134名车友按期缴纳了安装门禁所需的费用，有的车友还主动提供了电脑等设施。居民代表张先生、吴先生和几位业主委员会人员迅速行动，在极短的时间内完成了车辆自动识别门禁系统的安装，并投入使用。在此期间，居委会的工作人员主动和公安机关联系，协调完成了门禁系统公安机关备案等工作。安装门禁系统后，业主委员会联系公安机关清理了40余辆长期停放的僵尸车，缓解了小区车位紧张的压力。

伴随着停车难问题的解决，龙翔苑小区的整体面貌悄然发生了改变，车辆停放变得有序。车友群继续发挥着作用，谁家车没停好，谁家的车窗没关，或者谁家有亲戚来串门需要开门禁，都通过车友群促使解决。

“从来没想到效果会这么好！现在小区车辆停放有序，车友会积极主动互相帮助，真的挺高兴的。”张先生高兴地说。

睦邻自治，共治共享，有了居民的参与，小区管理从下而上形成了“发现问题—协商问题—资源筹措—多方协调—依次解决”的良好机制，居民自治调动了一切可以调动的资源，小区里的事有人去做，有人去管，有人去办。

| 案例点评 |

社区居民对社区范围内公共生活的参加与社区发展成果的分享，是社区居民对社区公共事务的关注和参与过程，而社区居民自治组织和社区社会组织都是社区居民参与自治的组织形式，如本案例中业主委员会和“车友群”充分发挥了社区社会组织的能动性，建起了“车友群”，对小区内车辆进行登记，发动居民自身力量自觉缴纳费用、规划小区停车位、安装小区门禁，并在居委会和公安机关协调配合下，最终解决了小区停车难问题。

该案例体现了社区居民自治的主动性，通过社区党组织的领导，在广泛征求多方意见的基础上，依托居民自身的参与，小区管理从下而上形成了“发现问题—协商问题—资源筹措—多方协调—依次解决”的良好机制，居民自治调动了一切可以调动的资源，实现了社区居民对小区的良好自治。

“同心同行”巧解社区拆除凉房难题

呼和浩特市新城区中山东路街道迎宾南路社区

| 社区简介 |

位于中山东路以北、新华东街以南、西起锡林北路、东至呼伦南路的迎宾南路社区，辖区面积0.2平方千米，让人惊叹它的“迷你”，是典型的老旧小区。社区辖区总户数1432户，总人口3115人，其中残障人士35人，少数民族546人，社区60岁以上老年人481人。2015年，迎宾南路社区进行全方位的改造，由原来60平方米办公用房扩建至680平方米，改造后增设为老服务中心、一站式综合服务大厅、跃动空间、多功能会议室等功能室。辖区单位有内蒙古自治区团委、新华社内蒙古分社、巴彦塔拉饭店等19家机关企事业单位。

迎宾南路社区突出“弹好服务五线谱，奏响党建最强音”的主题，坚持党员干部带头，把引领工作与在职党员进社区活动、社区特色楼道文化、驻区单位联合共建、老旧小区改造等工作有效衔接，把引领工作贯穿于服务发展、服务民生、服务群众、服务党员全过程，引导居民和辖区单位及社会力量参与社区事务。通过党务居务搬进微信群，让微信群成了为民办实事、办好事的助手；通过打造“廉政门”“清风门”“贴心门”“双拥门”“阳光门”“圆梦门”等党建特色楼门，进一步延伸楼道文化的表现形式和具体内容；社区成立5家非公党支部，通过定期召开例会，开展便民利民志愿服务活动，交流情况，互通信息，实现事务共议、发展共谋、成果共享的良好局面。社区先后获得了全国社区服务先进社区、市级“十佳社区”、“优秀社区公益性服务项目”一等奖和两个二等奖、区级“无邪教社区”等荣誉称号。

| 案例详述 |

迎宾南路社区面积不大，但辖区内老式凉房就有1240间。在过去，很多小区一家一户有一个凉房成为居民生活的标配。随着时间的推移，凉房的作用逐渐消减，由于占地、堵塞通道、影响消防安全等原因，已成为“鸡肋”。为了改变这一现状，呼和浩特市政府出台了相关政策，要求在最短时间内将辖区内的所有凉房拆除完毕。在中山东路街道党工委的引领下，迎宾南路社区充分发挥社区协商的功能，依托圆桌会、恳谈会、评议会等传统平台，采取社区党员议事会、居民议事会、物业联席会、小区协商、楼栋协商等形式，让居民共同参与凉房拆除工作，有力地推动这项工作的落实。

迎宾南路社区辖区内的大部分小区存在破旧的凉房，随着生活水平的提高，居民们习惯了每天买新鲜的蔬菜，凉房就逐渐被闲置了，这些“高龄”的建筑物已失去存在的价值，隐藏着诸多安全隐患。迎宾南路社区就拆除废旧凉房征求小区居民的意见，并提出腾出的空地将作为老年人活动场所，安置相应的健身器材，但拆凉房涉及居民利益，很难立即施行。为此，社区居委会的工作人员在小区进行广泛宣传，通过张贴倡议书等形式，做到人人皆知。刚开始许多居民犹豫不决，社区居委会人员就挨家挨户上门做思想工作，将拆凉房工作意义、相关政策以及拆除后的规划讲清楚，希望得到居民的理解，动员居民主动配合。

在第一次召集居民协商会议时，大部分居民表示反对，参加社区协商的居民只有20多人，他们非常抵触。如有的居民对拆除凉房和违章建筑持反对态度，有的居民恶语相加甚至辱骂围攻社区入户工作人员，有的居民从楼顶往工作人员头上倾倒污水。拆除凉房难度陡然增加。面对困难和不配合、不支持的居民，社区工作人员没有退缩，反复入户讲解相关政策，做居民的思想工作。第二次居民协商会议中，社区工作人员再一次给居民讲政策、分析拆凉房的利弊，反对的居民开始慢慢理解政府拆除凉房的良苦用心，不再强硬反对。社区居委会还利用社区微信群下发通知，详解政策。第三次居民协商会议中，社区居委会工作人员的诚恳和耐心打动了一位老爷爷。他对大家说："我是一个老党员了，这种对全小区有利的事，我就得起个带头作用，不能光想着自己的利益。今天我把我家的凉房收拾出来了，愿意当全小区第一间被拆掉的凉房。"他说到做到，随即把自己家凉房里的东西都搬了出来，并且打扫干净，把大门敞开。有了老爷爷的带头，凉房的拆除工作得到了许多人的理解与支持，开局良好。但好事总是一波三折，出现了几个"钉子户"，他们把凉房的大门紧锁，声称谁要是敢强拆，就要和谁对抗到底。社区居委会的工作人员一次次地登门拜访、协商，最终说服了他们，拆除工作顺利进行。迎宾南路社区成为第一个完成凉房拆除工作的社区。多次的居民协商，居民的态度发生着悄然改变，最终达成共识。小区的改造工程、物业的进驻，一系列惠民实事工程朝着好的方向发展。

小到居民家事，大到小区难事、社区要事，都可以进入"社区议事厅"讨论、商量，议事协商形式的探索让居民有了反映问题、商议问题、解决问题的更多渠道，在居民参与社区治理、化解社会矛盾、提升社区服务水平等方面发挥了积极作用。

| 案例点评 |

该案例选取了"社区拆除凉房难题"这一社区居民关心的话题作为协商议题。在社区党组织的领导下，在与社区居民多次洽谈协商的基础上，通过圆桌会、恳谈会、评议会等传统平台，采取社区党员议事会、居民议事会、物业联席会、小区协商、楼栋协商等形式，充分发挥社区协商的功能，让居民真正了解到拆除凉房的必要性，最终拆除了高危凉房，并为老年人活动安置健身器材找到一处宽敞的场地。

该案例中协商议题征集具有广泛性和示范性，如凉房拆除、菜园子改造、居民违规建筑拆除等问题，由于涉及社区群众的切身利益，致使社区和社区居民矛盾尖锐，问题频发。本案例为其他社区治理类似问题提供了解决思路：一是面对社区居民的不理解，应耐心反复协商，讲明利害；二是拆除违规建筑后，这片公共空间的用途应向群众讲明或邀请群众共同商议决定，增加群众对社区建设的参与感；三是在必要的时候通过社区骨干或居民代表主动起到带头示范作用，引导群众主动配合，达成共商、共建、共治和共享目标。

90后干部修好一条与群众的“连心路”

呼和浩特市清水河县城关镇永安社区

| 社区简介 |

清水河县永安社区辖区有居民小区10个，居民2003户7223人。辖区企事业单位8家，党组织6个，在职党员218名。金融服务网点4个，商业网点148家，在册党员133名。

永安社区党支部以网格化管理为契机创新党建模式，构建以社区党委为核心、网格党支部为基础、驻区单位党组织共同参与的党建工作体系。将社区划分为5个网格，社区和驻区单位党组织实现共驻共建与资源共享。

| 案例详述 |

永安社区位于清水河县的核心区域，是最早发展起来的城镇中心地带，老旧的平房区和新建的楼房区混杂，老旧小区改造成了社区亟待解决的“烫手山芋”。永安社区的90后闫书记，在刚上任不久就遇到了难啃的“硬骨头”。

“闫书记，你看看我给你发的视频，这雨一下，我们巷子就积水，我们几户人家根本没办法回家了，你看这可咋整啊?”居民们满腹牢骚。又一名居民插话说：“你个毛头孩子，还没我儿大哩就能当书记?就能管得了俺们的修路和排污改造的大事情?”一时间巷口的人群哄堂大笑、七嘴八舌、议论纷纷……大都认为这个90后的社区书记“嘴上没毛，办事不牢”，不可能解决多年来一直困扰居民生活的大问题，有的人甚至打算闹事上访。这是90后书记兼主任深入三毛巷向居民现场了解情况时出现的情景。

老旧小区改造涉及面广、诉求复杂，必然会遇到各种各样的难题和阻力，三毛巷原粮食局家属楼的问题更为突出。始建于20世纪70年代的原粮食局家属楼为清水河县的第一批住宅楼，当时这批房的住户令人羡慕，但是随着粮食局的取消、物业无人管等因素，这里逐渐变成脏乱差的居民区。2015年，这片区域曾定为拆迁区域，但由于地方经济条件限制，一直未能开工。加之年久失修，原有的石子路变成现在的泥塘路，造成出行的极不方便，雨季情况更加糟糕，本该是一条顺畅的回家路，却变成了一条泥泞的堵心路。

“王哥，你跟我一起再下趟片儿区吧，这马上又有雨了，三毛巷那边的积水问题，我放心不下。”

“行啊，咱们赶紧去，趁现在居民还没睡觉，都在家。”闫书记和社区工作人员老王也不记得这是第几次去查看三毛巷的泥塘路了。面对居民们的怨气和不信任，他用实际行动来感化居民。他在心里立下军令状：一定要将这条泥泞的堵心路，变成老乡们顺畅的回家路。

为了解决泥塘路和排污改造这两大难题，他多次召集居民进行协商，提出解决的办法。他通过挨家挨户做思想工作，消除了居民的顾虑，解开了居民心中的疙瘩。通过召开居民会议，广泛听取大家提出来的意见和建议；并建立了24户居民微信群，在群里与大家商量解决问题的办法；与居民协商，达成以24户居民联合署名的方式，向镇政府上报相关情况，争取得到镇政府的重视和县住建局的支持。很快，县里拿出修护三毛巷道路和修缮房屋的解决方案，修护工作终于得到落实。

经过两个月的努力，三毛巷原粮食局家属楼的房屋加固改造和周边道路硬化的工程终于完成。“闫书记，咱们这条路可是修好了，现在临巷的居民都羡慕我们有了这条回家的路了，以前漏雨的房现在也不漏了，谢谢你啊！”三毛巷的居民代表王老师给社区打电话说道。让居民们安居乐业，泥泞的堵心路，变成顺畅的回家路，更变成了一条与群众的“连心路”。

社区居民认可了社区的工作人员，也相信了这个90后的“胖个蛋”书记是个值得信任的书记。社区工作人员负责任、有耐心、讲道理、有效率、听民情、体民恤的形象深入人心。有了三毛巷的这条小街背巷修缮成功的案例，居民们愿意有问题第一时间去找社区解决，由社区组织居民进行协商，达成共识。

通过这个协商案例，让90后社区书记对如何做好群众工作有了深刻的认识：无论身在何处，地位如何，群众工作要“接地气”，要以真心换真心，要始终与群众心连心，要把群众冷暖装在心，要依靠群众，发动群众，切实帮助群众。

| 案例点评 |

该案例选取了以解决泥塘路和排污改造问题作为协商议题。90后社区干部修好一条与群众的“连心路”，说明了年轻的社区书记内心装满了居民需求，实践上满足了群众诉求。在广泛征求多方意见的基础上，经过耐心、细致、多次的协商，借助微信群等通信方式，并以社区名义上报相关情况，最终使问题得以圆满解决。

该协商案例不仅解决了泥塘路和排污改造问题，更转变了群众对社区工作的看法和态度，增强了群众对社区工作人员的理解和信任。修建了一条与群众的“连心路”，也体现了社区工作的核心——以人为本。只有了解群众的困难和诉求、考虑群众的利益和追求，充分运用民主协商，才能推进社区治理和服务。

管道漏水　居民闹心　协商共治

呼和浩特市赛罕区中专路街道园艺社区

| 社区简介 |

园艺社区成立于2001年8月，位于大学东街和乌兰察布东街的中间地带，辖区面积0.6平方千米。社区有11个住宅小区、3个别墅区及23户平房区，居住着汉、蒙古、满、回、鄂温克、朝鲜、达斡尔等多个民族，共3568户，居民7900人，其中蒙古族占35%。

驻区单位有4家、社区大型服务场所有2个、餐饮娱乐场所6家、幼儿园2所，驻社区单位还有3家银行网点、2家保险公司和1家证券公司。目前，园艺社区已经建设成为一个集安居、餐饮、娱乐、休闲、医疗、幼教、金融为一体的多元化、综合型社区。

社区党总支下设两个党支部，共有91名党员。社区于2018年10月建立党群活动服务中心，设置金镫沃热民族文化活动中心、额吉的味道、一站式服务大厅、向阳花党员活动之家、索艺乐文体活动中心等多个功能室。

| 案例详述 |

2017年8月4日，园艺社区办公室急匆匆跑来一位居民，她反映道："我们小区1、2号楼院内的一口污水井管道老化破裂了，现在有污水外溢，因为没有物业，也没有找到维修师傅，希望社区帮我们解决一下这个问题。”社区工作人员听后立刻随居民前去查看，在现场看到污水正不断往外冒，周围已积存了大量污水，伴随着难闻的气味。东乐花园是辖区内的老旧小区，污水管道年久老化破损，此刻污水不断外溢，污水井还存有大量污水，如果不及时解决这个问题，不但对小区的两栋楼48户居民的生活产生影响，还影响楼房地基的稳固，存在着严重的安全隐患。

园艺社区对这个问题非常重视，了解情况后立刻召集居民共同协商解决方案。居民们莫衷一是，有的居民建议“这是公共设施应由居民们一起集资维修”，有的居民说“家中经济条件比较困难，如果维修费用高的话就难以承担。基础公共设施的问题应由政府部门负责解决”。居民们的意见不统一，且互不相让，产生了激烈的矛盾，无法解决问题。社区工作人员进行了耐心调解，又联系施工方进行了现场测量，大体测算了施工费用，但因施工维修费用高，有的居民还是不想承担。双方僵持不下，没有达成一致意见，污水问题一时无法解决。社区居民对不愿意承担集资费用者颇有怨言，而不愿承担费用者始终坚持应由市政部门全面负责，不属于自己应承担的费用。此次协商没有达成一致意见。

为了尽快解决这一难题，社区书记一边让居民代表继续做居民的工作，一边把这个问题上报到街道办事处，协调办事处帮助解决了一部分维修费用，推动了这个问题的解决。居民们原以为这事会一拖再拖难以解决，没想到经过社区的努力，事情得到了圆满解决，纷纷来到社区感谢党和政府对他们的帮助和关爱，大家的心里也是暖洋洋的。

经过社区的积极协调和街道办事处的大力支持，小区污水管道漏水问题得到了妥善解决，居民们心里的一块石头终于放下了。居民们对街道办事处和社区对此次事件所作出的迅速行动和积极协调努力由衷感谢。

社区工作是最基层的工作，与居民近距离的接触，才能更好地了解他们的困难和需要。社区服务管理的核心任务，就是致力于为老百姓排忧解难，以迅速高效的实际行动为百姓解决矛盾，处理问题，切实保障群众的根本利益。通过这件事更拉近了社区与居民的距离，为创建文明和谐的社区打好了基础，也为打造新时代下的和谐社区提供了范例。

| 案例点评 |

该案例选取了社区居民突发的污水井管道老化破裂问题。街道办事处和社区居委会共同努力，本着为人民服务的宗旨，高效快速地解决了问题，体现了社区工作由“管理”向“治理”转变的理念，最终维护了社区和谐稳定，保障了居民安居乐业。

在本案例中，社区居委会认清了加强社区民主协商、引入和鼓励居民培育发展社区社会组织等方面的必要性与可行性。街道拨款承担主要维修费用固然好，但社区民主自治不能仅依赖街道拨款。社区工作者在日常工作中应当对社区居民加以引导和辅导，鼓励广大居民广泛参与社区协商，营造社区内居民民主协商的氛围，提升社区居民参与社区事务的积极性与主动性。

闲置车棚转型青少年健康发展中心

包头市昆都仑区黄河西路街道黄河社区

| 社区简介 |

黄河社区始建于1998年，辖区面积0.6平方千米。所辖5个小区，其中有3个无物业的旧小区由居委会代管，是一个由老旧小区构成的社区。有居民楼162栋，总户数8700户，人口15897人。社区党委下设8个党支部，组织关系在社区的党员256人。社区设有一站式服务大厅、老年科普大学、书画室、居家养老室、百姓议事厅、多功能活动室，为居民提供服务、学习、娱乐等活动场所。

黄河社区以“党建引领、社会服务、社区治理”为抓手，搭建了“一委三会”社区民主协商基层社会治理平台；创新打造“1366”工作法，实现了组织建设全覆盖；打造了“党建领航，五彩凝心”服务品牌，成立5支志愿者队伍，开展“让爱心双向循环”志愿者服务微积分活动，实现了党员管理全覆盖；设立两个“家庭党校”，引领退休党员在思想上、行动上践行党全心全意为人民服务的宗旨，实现了党员教育全覆盖。

社会服务无死角，以需求为导向，黄河社区打造“你点单，我接单，社区服务不落单”创新网格化治理服务模式，进一步提升居民群众的幸福感。先后荣获内蒙古自治区先进基层党组织、包头市法治民主示范区、昆都仑区特色党支部等荣誉称号。

| 案例详述 |

在社区居民日常生活中，社区公共场所与公共空间的缺乏是一个制约社区发展的难题。如何调动社区居民积极参与社区工作的热情，合理利用好社区的有限空间，很好利用社区资源，是社区工作者在社区工作中的一项重要任务。

一、背景

黄河社区有青少年居民 1342 人，占社区总人口近 10%。由于社区内没有一个青少年活动场所，节假日、寒暑假期孩子们只能到社区外的广场活动，社区临近林荫路主干道，车多人多，这大大增加了青少年活动的安全隐患。

2017 年，黄河社区居委会在走访调研时发现社区所辖的黄河小区共有 4 个自行车棚，随着私家车日渐增多，小区车棚的存车辆大大减少，1 个车棚处于闲置状态。

鉴于此，社区居委会提出利用闲置旧车棚改造成青少年活动场所的设想。

二、民主协商——居民事，居民议

黄河社区党委多次到现场实地查看，与议事会委员们共同走访居民，了解他们的想法，大部分居民认为保障社区的青少年有活动场所是好事，闲着也是闲着，同意将车棚改造为青少年活动场所；有些居民担心车棚改造成青少年活动场所，产生的噪声会影响到居民的正常生活；还有一部分居住在周边的居民担心自行车存放的问题。

在此情况下，社区党委认真研究、研判，多次实地探访，决定由社区党委牵头，组织社区居委会、居民议事委员会、监事委员会、居民代表及周边的楼栋群众代表，召开共同商议利用闲置车棚改造成为青少年活动场所的议事会。会上，社区居委会解读了《关于拟利用黄河小区闲置车棚改造成为青少年活动场所的可行性建议》，并针对居民担忧的噪声、存车的问题一一进行了解答。合理安排活动时间、整合另外三个车棚就近存车。满意的答复给予居民思想上的安抚。多方代表坐在一起，在目标一致、相互理解、相互支持的基础上，探讨协商，愿意共同为本小区群众创造一个良好的生活和娱乐环境。初步意见达成后，黄河社区党委再次召开民主协商议事会议，社区党委、居委会、居民议事委员会、监督委员会、黄河社区居民代表等共同参加会议，表决同意利用闲置旧车棚改造成为青少年活动场所。

三、多方联动，共建共享

项目确定了，谁出资改造的问题摆在大家面前。由于不属于房屋维修范围，不能启动公共维修基金。社区居委会经过调研，认为合理合法植入社会力量共同参与到社会治理社区公共事务建设中，是社区发展的重要途径。经过多方支持推荐，包头市防水协会自愿出资共同改建。社区党委上报街道党工委备案审批后，社区党委再次组织召开了居民议事会，会议邀请上级职能部门、法律顾问、社会组织、居民群众代表等共同协商议事。会上，提出了由包头市防水协会出资完成闲置车棚改造青少年活动场所项目。为了保证项目的顺利实施，社区党委成立了由社区居民代表组成的项目改造小组，全程跟踪监督。

四、成果展示

2019 年 5 月，集红色书吧、红色影院、科技展厅、科普学校等功能齐全的青少年活动中心正式成立，获得了居民的一致好评。通过民主协商议事对闲置车棚进行改造，解决了辖区青少年无活动场地的难题，充分体现了居民自治的重要意义，真正做到居民事居民议，聆听居民的心声，为建设一个和谐的美好家园打下了坚实基础。

黄河社区党委从基层党建出发，利用闲置的空间为社区青少年提供一个休闲娱乐的活动中心。这是一次成功的民主协商案例，黄河社区党组织在社区治理的过程中，发挥了牵头引领的作用，不回避矛盾和问题，搭建民主协商议事平台，广泛听取居民群众的意见和建议，充分尊重群众意愿，多方共同参与，切实把社区协商落实到位，真正实现了居民事居民议；居委会深入调研，干部把功夫下在协商之前，提前介入，搞好社会调查研究，提出可行性建议、可操作方案，为开展好民主协商奠定基础；议事委员会组织群众代表，面对面沟通协商，交换意见，让广大群众自我管理、自我服务，共同创造和谐美满的生活家园，维护良好的生活环境，享受社区协商的成果；监督委员会全程跟踪监督，给居民吃了一颗定心丸，保证社区民主协商社会治理法制化建设，构建了“党委核心领导、居民议事会协商、居委会组织实施、监事会监督”的“一委三会”社区民主协商治理格局。

| 案例点评 |

该案例选取了解决社区青少年迫切需要的活动场所问题作为协商议题。在黄河社区党委的领导下，搭建民主协商议事平台，广泛听取居民群众的意见和建议，充分尊重群众意愿和诉求，深入调研了解居民群众心声，提出解决居民群众担心问题的可行性建议；议事委员会通过社区民主协商，表决通过青少年活动中心建设方案，体现了社区群众的自治意识；引入包头市防水协会出资共同改建，体现了社会组织参与社区治理；监督委员会监督，保障了社区民主协商法制化运行。

该协商案例构建了“党委核心领导、居民议事会协商、居委会组织实施、监事会监督”的“一委三会”社区民主协商治理格局。合理利用社区空间，调动社区资源，协调社区关系，解决了社区公共场所尤其是室内公共场所缺乏的问题，还为社区治理提供了引入社会组织的新思路，是社区治理和服务的新创新。

“一委三会”发挥作用 真情实意为民解忧

包头市昆都仑区友谊街道少先31社区

| 社区简介 |

友谊街道少先31社区地处昆都仑区友谊大街西北处，占地面积约0.27平方千米，辖区内有4个新旧结合小区，有楼房73栋，居民5425户10062人，另有4家企事业单位，120家个体经营商户。社区党群服务中心总面积838平方米，下设政治功能区、服务功能区、特色功能区和政务功能区。

社区以“党建引领、网格治理、共建共享、服务群众”为工作理念，加强基层网格化治理，积极开展社区网格“三员”联动、“三长”联治，构建管理有序、服务完善、环境优美、治安良好、人际和谐的社会生活共同体。

近年来，社区先后被评为包头市社区“两委”换届选举工作先进单位、包头市精神文明优秀志愿者单位、昆都仑第五届全国文明城市创建工作先进集体等。

| 案例详述 |

社区民主协商是党的群众路线的重要体现，社区如何有效发挥民主协商，调动社区居民参与社区治理的积极性，提升居民的幸福感，倾听社区居民意见和建议，是社区管理方式转变的目标之一。友谊街道少先31社区党委通过设立居民议事会、居民监督会，与居民委员会一道发挥作用，形成“党组织领导、议事会协商、居委会实施、监督会监督”的治理格局，真正发挥“一委三会”作用，实实在在解决老百姓的操心事、烦心事、揪心事。

一、基本情况

少先31社区所辖华天云居小区由包钢综企开发，2015年动工，2017年5月交工，并由开发商引入至圣物业。辖区面积2.5万平方米，有住宅楼4栋，居民825户1650人，地下车位387个，小区内有车户240户。

二、主要事由

近期，少先31社区接连收到华天云居小区居民反映，本小区开发商在房屋出售时曾承诺：“为方便居民停车，将在小区院内规划400个地上停车位供小区居民免费使用。”房子交工后，院内并没有规划地上停车位，地下车位租金为2000元/年。业主普遍认为收费太高，便将车辆停放在院内，导致院内每天车满为患，同时占据了居民的活动场所，不仅车辆出入不便，还造成行人出行的安全隐患。

三、社区党委牵头调查

群众利益无小事，社区党委立即展开实地调查。经现场调研，由于小区紧邻三八路与少先路，毗邻包钢八中，附近交通压力极大，加之居民生活水平提高，车辆逐年增多，居民对停车位的需求量逐年加大。由于小区没有停车位，地下车位租赁费太高，小区内240余辆车中，只有70辆停放在地下车库，其余170多辆均在小区院内停放。由此产生的停车难、停车乱、交通拥堵、居民出行安全等问题，令小区居民叫苦不迭。为此，物业将大门上锁，限制车辆进入，导致小区内有车族无法顺利进出，物业和业主间引发的矛盾纠纷进一步升级，曾经闹到派出所，派出所出警、调解，也没有得到有效解决。

四、召开社区议事会，民主协商解决难题

2019 年 3 月 13 日，社区党委牵头组织召开了第一次协商会议，社区党委书记、居委会主任、居民代表、监委会委员、开发商负责人、物业经理、业主代表、司法所所长等相关人员参会，友谊街道城市综合执法中心（司法所）就华天云居小区院内车辆乱停乱放难题进行调解协商。在协商过程中，居民要求将车位租赁费降到 800 元/年。由于建筑地下车库投资高，后期还需管理、维修等费用，开发商始终坚持 2000 元/年。双方对租金标准意见不一，各持己见，第一次调解协商未取得成功。

继第一次协商后，少先 31 社区居委会工作人员组织物业和业主代表对附近小区物业进行实地走访调查，了解到附近小区地下车位租金为 1200 元/年。

2019 年 5 月 13 日，社区党委又组织召开了第二次调解协商议事会议，并要求开发商出示建设规划图纸。经监督委员查看图纸，院内应规划有 400 个地上停车位。现在，新的问题出现了：院内规划 400 个停车位，根本无法实现，前期居委会工作人员实地勘察过，只能在每栋楼的边角地带划，加起来不过 20 个停车位；以前停车的空地是居民的健身活动场所，不能划。这 20 个停车位该不该划，划到哪儿？最后经过居民商议后决定：为了居民的出行安全问题，决定不在院内划停车位。针对地下车库租金太高问题，又经过社区调委会的调解，双方均各让一步，最终以 1200 元/年的租金达成协议。在目标一致、相互理解、相互支持的基础上，解决了居民车辆停放难的问题。

五、成果落实

会后，由社区居委会和物业共同实施，监委会进行监督。仅第一周时间，已有 187 辆车办理了地下停车手续，办理数量持续增长。在“小区停车难”的问题解决后，友谊街道党工委、少先 31 社区党委为华天云居小区居民健身空地建起了党建红旗广场，安装了健身器材，还原了居民健身活动场地，进一步丰富了小区居民的精神生活，使小区的居住环境更加整

洁、安宁、舒适。

六、经验和成效

近年来，友谊街道党工委坚持以人民为中心的发展理念，在推进城市基层党建工作中，加强党建引领、多元协商，发挥“一委三会”的作用，打造了以社区党委为主导、居民为主体、街道综合执法中心和驻区单位共同参与的议事协商制度，形成了共建、共治、共享的社会治理新格局。少先31社区党委自“一委三会”协商治理的平台成立以来，以人民群众为中心，在社区事务决策、管理实施中，引导居民积极广泛参与、推动协商成果落实，从以前的“替民做主”变为“让民做主”，使社区服务真正落到了居民的心坎上，居民反映问题踊跃，社区回应积极。居民看到了协商的成效，心里也吃了定心丸，纷纷为社区党委点赞：“一委三会”真能为居民办实事、解民忧。

| 案例点评 |

该案例选取了社区居民关切的小区业主停车难问题作为协商议题。在社区党组织的领导下，在广泛征求多方意见的基础上，经过实地调研及考察后，通过居民议事会协商，充分考虑居民、开发商和物业公司等多方诉求，达成了地下车位租赁金降至1200元/年的共识，有效解决了群众反映的停车难问题。

友谊街道少先31社区形成了“党组织领导、议事会协商、居委会实施、监督会监督”的治理格局，真正发挥了“一委三会”作用，坚持以人民群众为中心，变“替民做主”为“让民做主”。

该协商案例中，协商主题契合了群众关切的痛点难点，协商成果又兼顾了社区居民、开发商和物业公司的多方利益，使协商成果能够快速落地，不仅在社区居民中形成了积极广泛参与协商的氛围，而且为其他社区处理类似案例提供了可资借鉴的经验，具有较强的典型性和推广性。

“民选”社区自管物业模式 “破冰”老旧小区物管难题

包头市青山区万青路街道春光社区

| 社区简介 |

万青路街道春光社区成立于1989年6月，辖10个居民区，辖区面积1.5平方千米，管辖楼房79栋、土二楼56栋、平房1栋，常住居民5059户9537人，管辖范围内多为20世纪90年代初建设的老旧小区。

2019年5月，社区通过打造党群服务中心形成了一个集公共文化服务、群众休闲娱乐、爱心救助帮扶、矛盾纠纷化解为一体的标准化综合服务型社区，为居民提供热情、周到、高效、便捷的服务。

社区立足老旧小区工作实际，不断强化基层社区治理能力，特别是针对老旧小区物业管理难的问题，积极推行由社区党委统筹、社区居民委员会组织实施、业主委员会监督、社区居民参与、社区自管物业服务中心开展物业服务“五位一体”民主协商社区自管物业管理模式，极大改善了社区居住环境。依托党群服务中心打造社区民族之家，通过一室、一台、两廊、三区，以多元化服务形式为辖区各民族家庭提供服务，开展各类民族特色公益展示活动，弘扬传统文化。社区长期和包头边境管理支队开展警民共建活动，合力打造平安社区，形成了“基层党组织建设显著加强、群众幸福指数不断提升、社会环境更加和谐有序”的良好局面。

近年来，社区先后获得“包头市文明社区” “包头市无邪教社区”

“青山区先进基层党组织”“青山区民族团结进步示范社区”“青山区优秀网络文明传播组织”等荣誉称号。

| 案例详述 |

一、案例背景介绍

万青路街道春光社区辖区内的春光四区管辖楼房12栋，居民770户。作为20世纪90年代初开发的商品房小区，春光四区是典型的老旧小区，配套设施不完善，基础设施破旧，环境“脏、乱、差”，公共区域设施无人维护，治安案件时有发生。

针对上述情况，春光社区党委为更好地服务社区居民，满足社区居民的需求，积极探索居民自治工作的新思路，召开社区居民协商议事会议，多方征求意见，充分发挥居民自治的功能和效力，成立了由退休老干部、社区党员、热心居民组成的业主委员会。在此基础上，社区党委联合业主委员会组织人员多次入户，对居民进行细致的讲解宣传，并且在社区工作人员的带领下，每栋楼分别召开了单元长、楼栋长、居民代表会议，一起分析小区现状和管理问题。通过分析认为，春光四区居民多为老年人，收入较低，是典型的老旧小区，不适合引进市场化物业进行管理。为此春光社区党委结合社区实际，通过居民代表大会的商讨，确定春光四区按照“民事民议民定，民财民用民管”的原则进行物业管理，实行社区自管物业服务，成立社区自管物业服务中心。春光四区试点推行由社区党委统筹、社区居民委员会组织实施、业主委员会监督、社区居民参与、社区自管物业服务中心开展物业服务“五位一体”民主协商社区自管物业管理模式。

二、具体做法和措施

1. 听民意，建立物业服务中心

本着居民的事情居民议、居民的事情居民办的原则，社区党委组织工作人员分成15个小组入户调查，征求居民进行社区物业管理的意见，在取得80%以上居民的同意下，又召开多次居民代表大会征求意见，并通过民主协商会议决定由社区居委会在牵头成立小区业主委员会的前提下成立社区物业管理服务中心。

2. 顺民心，搭建物业议事平台

春光社区本着“畅通渠道、汇集民意”的宗旨，建立了民主协商议事制度，由社区、居民、业主委员会、物业服务中心相关人员组成议事小组，原则上每周召开一次会议，遇到紧急问题随时召开，按照群众反映、业主委员会提交、议事小组讨论、物业限时办理、社区结果反馈的“五步”工作流程。议事厅每季度召开一次居民代表大会，明确议题，通过集体协商，变“为民做主”为“由民做主”，让居民来选择物业服务的各类事项，并将最终决定通过公示等方式告知所有居民，让居民切实感受到自身的权益，主动参与到小区物业的改造与管理中来，提高了居民参与小区建设的积极性。

例如，春光四区原有南门和北门两个出口，在小区改造过程中对于南北大门的封闭管理问题大家意见不一。社区积极召开议事小组会议，将问题摆出来让大家共同协商解决。经过几次会议协商，最终确定了小区南北大门的改造方案：小区北大门加装道闸、门禁系统供车辆行人进出；南大门封闭并加装门禁系统供行人出行，同时南大门在紧急情况下作为消防应急通道，平时居民婚丧嫁娶有车队时开放。通过民主协商议事，顺利解决了南北大门的封闭及管理问题，居民十分满意。又如，春光社区是老旧小区，老年人较多，同时小区靠近学校，小区内上学的孩子比较多。以前小区内没有路灯，改造后小区安装了路灯，填补了路灯照明的空白，方便了居民出行。但是，如何设置路灯的照明时间，如何既能节省电费又能保障居民出行安全等问题再次被提上了民主协商议事会。通过社区、居民代表、业主委员会成员、物业服务中心相关人员多次商议，最终确定了小区路灯管理时间。路灯开放时间按照冬夏两季分别制定，夏季开灯时间为晚8：30—11：30，冬季开灯时间为早5：30—7：00、晚6：30—11：30。通过合理地制定路灯开关时间，为居民营造了良好的生活环境，得到了居民群众的普遍称赞。

3. 解民忧，物业服务全覆盖同创幸福家园

自管物业工作实施以来，通过召开居民议事会议、物业工作联席会议，集中讨论物业管理和物业服务中存在的问题及需要解决的事项，逐步列出了小区的整体改造方案和日后的管理内容，并对小区进行了近两个月的改造提升，为南北大门安装道闸、门禁系统，为社区安装路灯、摄像头、健身器材、休息长椅、智能快递箱，修补路面、施划车位，加高加固小区两侧外围栏杆，制作文化墙等，实现了门禁覆盖、监控覆盖、设施覆盖、巡逻覆盖的物业服务全覆盖。

三、治理成效

民主协商社区自管物业让居民自己做主，实现社区治理与群众自治的有效衔接和良性互动，通过建立多种交流渠道，定期召开物业工作联席会、居民代表大会、楼栋长会议等，广泛引导居民通过议事平台表达需求、反映意见、提供建议，居民的诉求得到更多关注，问题得到及时有效解决，促进了和谐社区建设。

四、工作中的启示

社区自管物业管理模式有效增强了社区居民参与度，提高了社区居民议事协商能力，将民主协商渗透到小区物业管理的方方面面。通过凡涉及小区公共利益的重大决策事项、关乎居民群众切身利益的实际困难问题和矛盾纠纷，都通过民主协商解决，从而推动形成既有民主又有集中、既尊重多数人意愿又保护少数人合法权益的社区民主协商机制。

| 案例点评 |

包头市青山区万青路街道春光社区的“五位一体”民主协商社区自管物业管理模式，形成了以社区为主导、自管物业服务中心为核心、业主委员会为监督的三方服务机制，有效解决了老旧小区的物管难题。社区自管物业服务中心的成立是市场化物业、企业物业、准物业管理模式的有益补充，是一种物业服务模式的创新。民主协商的社区自管物业不仅提升了小

区管理质量，更推动了居民自我管理，实现了“社区环境大家管，大家事情社区办”的目标。

春光社区本着“畅通渠道、汇集民意”的宗旨，建立了民主协商议事制度，变“为民做主”为“由民做主”，让居民来选择物业服务的各类事项，并将最终决定通过公示等方式告知所有居民，让居民切实感受到自身的权益，主动参与到小区物业的改造与管理中来，提高了居民参与小区建设的积极性，不仅在社区居民中形成了民主协商的氛围，而且为其他老旧社区提供了可资借鉴的经验。

“恳谈”汇民意 “协商”遂民愿

包头市青山区富强路街道富达社区

| 社区简介 |

富达社区辖区总面积 0.15 平方千米，居民 3221 户、7091 人，党员 546 人。

2013 年，社会治理体制改革后，富达社区形成了“一委一居一站”三方联动新型管理模式。

富达社区坚持以党建为引领，充分发挥联合党委的作用，发动党员、特色支部、义工队伍的力量，在“基础”上投力量，在“共建”上做文章，在“服务”上求实效，坚持以“五心”（热心、关心、耐心、虚心、恒心）服务不断深化网格化管理模式，以切实服务居民为目标，整合辖区资源，提高办事效率，丰富社区文化活动，着力打造文化型社区。

富达社区曾先后荣获全国万家读书活动先进单位、包头市妇女工作先进集体、青山区先进基层党组织等荣誉称号。

| 案例详述 |

一、起因和背景

富强路街道在基层社区协商治理方面，探索“民情恳谈会”和“民主协商议事会”相结合。2017 年，实行民情恳谈会制度，社区每年年底召开

“民情恳谈会”，辅以居民事务群、微信公众号，征求群众意见和建议，经过汇总后建立责任清单台账，分类建档，分为向上争取解决类、长期坚持整改类、立行立改解决类等。2018 年，召开民情恳谈会 17 场，收集意见和建议 340 条，通过整合汇总为 99 条，涉及 10 个方面。

结合“民情恳谈会”汇聚的问题，在推行解决过程中充分发挥“民主协商议事会”的作用，即 6 个社区设立居民议事厅，根据居民诉求整理确定议题，由居委会、网格员、居民代表、相关职能部门共同参与民主协商议事会。解决问题靠协商，主要发挥两点作用：一是民主议事，二是民主监督。

2018 年 7 月至 10 月，富达社区分别对社区内的“小菜园”进行拆除，共拆除“小菜园”46 个，并于 10 月底完成了 1 万平方米路面硬化工作。

二、案例介绍

赛一小区属北重家属区，共有 17 栋楼，1280 户 3980 人。赛一小区 1 栋、2 栋前广场上有两片很大的由多户居民自种的“小菜园”。4 栋、9 栋等居民房后有很多的自留地，导致周围地面黄土裸露，甚至有的居民把裸露的地面干脆圈起来又开发了一片小菜园，给小孩、老人、残障人士的出行带来了诸多不便，从而引发了居民之间的矛盾。

三、具体做法和措施

“冰冻三尺，非一日之寒”。“小菜园”“私占地”是长期遗留下来的“历史旧账”。社区党委基于民情恳谈会广泛了解民情民意，召开民主协商议事会，充分发挥社区协商作用，解决困扰居民日常生活的实际问题。

（一）民情恳谈找问题

2017 年 12 月，按照富强路办事处的要求，富达社区党委在所辖的每个小区召开民情恳谈会，其中赛一小区“私占地”和“小菜园”侵占大量公共用地的提议最多。社区党委高度重视居民提议，汇入问题台账，提交办事处，列为向上争取类，确立责任领导，列入 2018 年度街道、社区重点工作。

（二）责任到人解问题

街道确定责任领导、社区确定领导责任，明确职责分工。富达社区党委多次召集会议，分析研究矛盾点，制订工作方案。在拆除工作中，街道责任领导积极协调青山区执法局、迎宾派出所等相关执法单位，统筹安排各社区精干力量；社区党委组织小区物业公司、居民志愿者共同来完成此项工作。

（三）民主协商破难题

民主协商会议是催化剂，热心群众和志愿者是拆除“小菜园”取得成功的润滑剂。遇到问题靠民主，解决问题靠协商。社区党委多次召开赛一社区民主协商会，最终确定“三到位”方针，即自我管理到位、自我服务到位、自我监督到位。一是自我管理到位。居民志愿者和热心居民到各自熟悉的住户区宣传，做思想工作；让社区居民能自主地参与社区事务，参与小区规划，让更多的居民为社区说话。二是自我服务到位。拆除“小菜园”美化社区环境，本来是一件利民的好事，却受到了“菜园主”的反对。有的居民认为“小菜园”改善了荒地环境；有的居民说这是自己家花钱买的种子，装的栅栏，要拆可以，但是要把当初装栅栏的钱给赔了；有的居民干脆就不愿意拆。经社区党委班子讨论，召开了居民代表大会，意见不尽相同。这时，社区党委的态度是：坚决拆除“小菜园”，维护大家利益。随后社区充分发挥民主协商议事会的作用，与居民进行磋商，动之以情，晓之以理，一家家地做工作，又在每个单元门前张贴硬化通知，经过一番走访，种菜的居民表示同意硬化，但是谁都不愿意第一家拆除。经协商议事会决定，先易后难，如9栋张女士一家表示“支持社区工作，同意硬化，只是柿子、玉米长势很好，拔了太可惜了”。居委会主任、物管员、居民代表三次到她家做思想工作，几天后张女士自行把菜园拔除，给其他种菜的居民带了个好头。三是自我监督到位。在民主协商会上，社区党委引导居民事务监督小组发挥好居民监督的功能，并及时把居民的意见及建议反馈到社区。

四、取得成效

现在，一个宽敞的广场呈现在了居民面前。田阿姨组织居民成立了“俏夕阳”健身舞蹈队，社区为舞蹈队配备了录音机，张女士也积极参与，当起了副队长，参加舞蹈队的居民越来越多，发展到了60余人；社区又为居民申请了健身器材，使得居民饭后有了活动场所，有了健身场地，居民们逢人便说：“社区党委真是为咱们老百姓做了一件大好事。”田阿姨笑道：“现在每天都能跳跳舞，感觉很幸福。”

之前，有些家庭因为争抢停车位而发生激烈的争吵，邻里矛盾瞬间产生。硬化工程开展后，基本满足了小区停车的需求，也消除了矛盾的产生。

五、工作中的启示

“双民”工作模式，在工作方法上前后呼应，维护了大部分群众利益，本着为民服务的宗旨，着眼于“居民事无小事”的工作理念，这就是基层人的初心。“民情恳谈会”尽早发现问题，尽快做好全面部署，尽量做好安排和计划；“民主协商议事会”为问题的解决和矛盾的化解提供了更多思路和办法。“小菜园”的拆除，当事人由阻挠、闹事到能够主动配合、积极参与，为顺利拆除“小菜园”提供方便，使社区党委清醒地认识到做好群众工作需要的是耐心、细心、恒心、虚心还有爱心，解决问题还要依靠群众，相信群众的智慧与力量。民情恳谈会听呼声，民主协商会解难题。

| 案例点评 |

“民情恳谈会”和“民主协商议事会”这一“双民”工作模式，正是包头市青山区富强路街道富达社区积极发现、解决群众关心关注问题的途径和方式。从“民情恳谈会”中发现群众迫切希望解决的问题，在“民主协商议事会”上利用民主协商平台，确定解决方针与应对策略，再依靠热心群众和志愿者的积极沟通，引导社区居民自主参与社区事务，参与小区规划，充分发挥居民作用，解决了“小菜园”问题。

在社区协商过程中，居民的参与固然重要，还离不开社区党委的高度重视、积极协调，这体现了基层党组织在建设文明和谐社区中的领导核心作用，突出了社区党组织服务居民的组织优势和凝聚基层社会的组织资源等主要职能。这一典型事例为其他社区民主协商解决群众切身利益问题提供了可资借鉴的成功经验。

您来“吐槽” 我来办结

包头市青山区先锋道街道哈达社区

| 社区简介 |

哈达社区成立于2012年，辖区面积0.8平方千米，有4个居民小区，总户数4647户，居民10813人，在册党员382名。社区党委下设13个党支部，联合包头市第四医院等25家区域单位成立了联合党委。

哈达社区党群服务中心于2018年10月建成，占地面积2107.97平方米，内设服务功能区、特色功能区、政治功能区及政务功能区，涵盖党建资源展示区、党建项目成果展示区、党员政治生活馆、先锋棚改印象微展厅、少数民族服务中心、红氧吧书屋等共15个特色共享内容。引进社区内购商城、“四点半课堂”等为民惠民项目，全方位满足居民所求所需。哈达社区党群服务中心坚持“党建统领、睦邻和里、社会治理、精细服务”的核心理念，以“一体三联三化五共享工作法”为抓手，结合“三进三建全覆盖”网格化党建工作模式，积极探索完善“家门口”服务体系。社区引进多艺蒙元艺术学校，积极打造民族团结进步社区。社区开展“老少乐园·哈达站”、建设“先锋管家”微信公众平台、定期开展居民“吐槽大会”，引领发动辖区各党组织和党员服务群众，推动形成共建、共治、共享的基层治理“朋友圈”，提升居民认同感、荣誉感和幸福感。

先后荣获内蒙古自治区“国学四进”暨创建“孔子学堂”活动先进单位、内蒙古自治区2019年终身学习品牌、内蒙古自治区民族团结进步模范集体、包头市离退休干部基层党组织建设示范点、青山区民族团结进步学习使用蒙古语文模范集体、青山区基层政务服务建设先进集体等荣誉称号。

| 案例详述 |

一、背景与起因

中共中央办公厅、国务院办公厅《关于加强城乡社区协商的意见》明确指出："发扬基层民主，畅通民主渠道，开展形式多样的基层协商，推进社区协商制度化、规范化和程序化。"党的十九大报告指出："要加强社区治理体系建设，推动社会治理重心向基层下移，发挥社会组织作用，实现政府治理和社会调节、居民自治良性互动。"这些重大决策部署，为加强社区民主协商工作提出了要求、指明了方向。

哈达社区分为回迁小区和老旧小区。针对新旧小区存在的不同问题，哈达社区党委从社区营造、治理创新方面为出发点，以服务民生为基础，积极探索完善"家门口"服务体系；以生活小事不出"格里"，教育服务就在身边为服务目标；以居民生活为平台，将社区自治、民主协商嵌入居民日常生活；开展居民"吐槽大会"，联合弘仁社工服务中心构筑区域党建"同心圆"社区营造服务，开启"百姓共建"制度，秉承"群众事群众多商量，大家事人人多参与"的原则，畅通居民群众诉求渠道，促进社区和谐稳定。

二、主要做法

哈达社区网格员走访调查发现，居民群众遇到矛盾和问题，都是与生活息息相关的"小事"，如小区座椅安装位置、活动器材的增加、院内广告位置的粘贴、垃圾清理等问题，这些小事如果处理不当，常常会发展成为大矛盾，不仅影响邻里关系，还会影响社区和谐。为了有效地满足群众对公共事务、热点话题的参与，解决群众民主诉求表达渠道，建立健全民主参与机制，让百姓通过协商实现诉求，使民情有人听、民意有人知，社区创新民主协商形式，开展百姓共建、居民“吐槽大会”活动，给居民一个解决问题的渠道和场所。

（一）您来“吐槽”我登记

“吐槽大会”在哈达社区党委的领导下，由社区“两委”班子成员、青山区弘仁社工服务中心、社区党员和热心居民代表组成调解委员会和议事会，对居民反映的问题进行汇总。在社区居委会设立“说事大厅”，定期召集辖区居民开展“吐槽大会”，及时发现矛盾纠纷，倾听群众诉求，让居民反映的问题在家门口解决，现场化解矛盾，对疑难问题进行记录，为居民提供参与社区治理的平台。2018 年 8 月以来，哈达社区党委共召开了 4 期“吐槽大会”，收集民意问题 93 条。

（二）您来“吐槽”我协商

在每一次“吐槽大会”上，社区实行“主动问事、群众说事、及时办事、集中议事、事后评事”5 个环节，如第三次“吐槽大会”上，社区网格员询问居民希望解决哪些具体问题时，居民马大姐“吐槽”：呼 6#街坊 18 栋 5 单元下水经常堵塞、污水外溢，已经清掏了很多次了，还是解决不了根本问题。哈达社区呼 6#街坊电三建小区 18 栋系电三建家属住宅楼，因下水管网年久老化经常堵塞，给居民出行和生活带来不便，居民邻里间因疏通清掏经常引发矛盾，下水堵塞疏通只是解决当时的问题，要彻底解决这个问题需要更换下水管道。针对该问题，社区网格员了解情况后随即同居民前往现场核实察看，并电话联系楼上 6 户居民代表召开专题协商会议，会上当场联系维修公司，确认每户出资 1450 元可以更换新管道，大家在社区网格员的耐心调解下达成统一意见，同意共同出资更换下水管道。事后，网格员入户再次了解下水道问题是否真正解决，一楼居民感激地说：“下水道再也不堵塞了。这件事情困扰了我很久，这次能解决真的感谢你们，这次真的让我的堵心事变成舒心事了！”

（三）您来“吐槽”我解决

自“吐槽大会”开展以来，社区居民现场参与人数达到 400 余人，他们有社区老党员、楼栋长、热心居民，有新小区的回迁居民对居住环境变迁进行吐槽、有老旧小区居民对遗留问题进行吐槽，社区工作人员一一登记，共受理居民吐槽事件93件，已办结68件，居民对“吐槽大会”的满意度达到98%。为了让居民积极参与社区治理，哈达社区党委通过楼栋长、网格员建立了楼栋群和“先锋管家”微信平台，扩大群众参与面，引导居民群众在线说事，让居民找到一种合理解决矛盾纠纷的渠道。

三、成效与反响

（一）党委引领，促进居民自治

吐槽内容源于基层、来自实践，居民乐于接受，以居民踊跃表达的方式，激发了居民参与的热情。在社区党委的引领下，搭建起居民参与社区公共事务的平台，居民既是问题的提出者，也是解决问题的参与者、更是办理结果的监督者，实现了居民真正意义上的当家做主。

（二）网格员沟通，汇集社情民意

“吐槽大会”的开展让社区居民从社区建设的观众变成了演员，建立了网格员入户沟通的“连心桥”。通过网格员更深入了解社情民意、听居民诉说，形成良性互动，提升了哈达社区居民的归属感、幸福感。通过打造哈达社区文化特色，形成具有共同情感联结、共同社区意识、共同文化凝聚，出入相友、守望相助、疾病相扶、邻里相亲的社会生活共同体。

（三）居委会调解，保证社区和谐

开展“吐槽大会”确保了民意诉求渠道的畅通，将矛盾问题解决在了萌芽状态，使居民的表达诉求变得更加便捷有效，维护了社区和谐稳定。社区党委对居民群众吐槽的问题一件件办好，对制约社区工作的难题一件件破解，为创建和谐幸福社区奠定了坚实基础。

四、经验与启示

（一）推进“吐槽大会”，保障基层群众的民主权利

社区怎么建设，居民说了算；钱用在哪、怎么用都让居民自己做主，强化居民主人翁意识，提高居民参与社区治理的热情和对社区的信任度。“吐槽大会”开展以来，居民群众看到了其中的改变，合理的建议会被社区采纳，合理的要求会被满足。居民代表从以前的沉默寡言到现在的积极

发言、献言献策，让社区工作更好开展，真正形成了睦邻友好一家亲的和谐社区。

（二）推进“吐槽大会”，增强基层居民的社会治理能力

居民反映的问题无小事，必须做到件件有回应，件件有落实。通过“吐槽大会”的开展建立了参与的平台，尊重了居民的知情权、参与权、表达权和监督权，拓宽了居民参与的渠道，增加了参与方式，这就是让居民积极参与其中，形成良性互动，达成具有共同情感联结、共同社区意识的邻里相亲的社会生活共同体。

（三）推进“吐槽大会”，抓好基层民主的成果落实

协商成果得不到有效落实，民主协商的权威性势必削弱，居民参与协商的积极性势必降低。哈达社区通过建立“线上+线下‘吐槽’”，充分发挥居民监督作用，建立健全成果督办反馈机制，倒逼成果落实，以成果落实取信于民。实践证明，落实好协商成果，要敢于较真碰硬，以严的要求、严的标准推动成果落实，让群众满意，使社区“吐槽大会”获得持久的生命力。

| 案例点评 |

该案例展示了一个社区居民诉求表达渠道的创新性民主协商形式，即举办居民“吐槽大会”活动。在社区党委的引领下，探索形成了您来“吐槽”我登记、您来“吐槽”我协商、您来“吐槽”我解决的协商模式，达到了促进居民自治、汇集社情民意和保证社区和谐的良好成效。

该协商案例保障了基层群众的民主权利，增强了基层居民的社会治理能力，对于抓好基层民主的成果落实具有积极意义。协商议题征集具有广泛性、协商主题选取具有权威性、协商流程掌控具有规范性、协商成果落实具有可操作性。

该协商案例中社区党委着眼于与生活息息相关的“小事”，对居民群众吐槽的问题一件件办好，对制约社区工作的难题一件件破解，形成了成熟的协商形式，为其他社区提供了可资借鉴的做法与经验，具有较强的典型性、推广性。

“百兴小区”的蝶变成功实践

包头市青山区自由路街道文昌社区

丨社区简介丨

自由路街道文昌社区辖区面积 0.35 平方千米，辖 20 个小区院落，涉及一电、二电、供电、二附院、达电等多个产权单位，现有居民楼 107 栋，住户 4817 户。

文昌社区党委下设 14 个党支部，共有在册党员 603 人，社区划分为 12 个网格，同步设立了网格执行党小组。社区党委大力推行“党建引领社区治理、共建共享城市家园”的工作理念，坚持以党群服务中心为统领，依托社区新时代文明实践基地、党员党性教育基地，组织调动居委会、物业公司、业委会，积极发挥驻区单位、共建单位、职能部门优势，充分发扬在职、在册党员先锋队作用，有效发动志愿团体、社会组织和居民骨干等群团力量，形成了党员带头、居民参与、组织共建、资源共享、机制衔接、功能优化的城市多元共治的基层社会治理生动局面。

丨案例详述丨

2018 年 4 月，由于物业公司的突然退出，百兴小区居民的日常生活一下乱了套，原本干净整洁的小区现在处处堆满了垃圾。小区还存在着活动广场设备损坏、路面破损和供热、下水管道老化等问题，严重妨碍了居民的正常生活。百兴小区所属自由路街道办事处和文昌社区采用“一核多元、协商共治”的工作模式，顺利引进了新的物业公司，解决了物业缺失带来的问题，有效改善居民居住环境。

一、项目背景

百兴小区是包头市青山区建成较早的小区之一。由于小区经历了多次扩建，居住的各类人群较多，整体情况十分复杂，导致引进物业提供服务上存在不小困难，主要可以归纳为“四多一少”，即：小区管理经历多——小区经历了企业承担、社区代管、准物业管理和市场化物业管理四个阶段，部分居民习惯于不缴纳或缴纳较少的费用享受物业服务，直接导致物业进驻困难。居民构成类别多——小区居民中下岗人员和老年人较多，居民平均收入较低，一定程度上影响了物业引进工作。小区居民需求多——因住户的文化、收入水平不同，对于是否引进物业的态度出现了“两极分化”，部分居民引进物业公司意愿强烈，部分住户则十分抵触，而支持引进的居民之间对于物业公司提供的服务种类和收费水平又存在着不小差异。出入小区道路多——由于起初规划及管理不完善，可进出小区的道路较多，各类人员随意出入小区，加大了小区管理的难度。主动缴费居民少——部分居民抵制物业公司的管理，拒绝缴纳物业费，而原物业公司应对方法不当，为收支平衡降低了服务标准，加之没有处理好与居民的关系，导致更多不愿缴费的居民出现，形成了恶性循环，对日后引进新的物业公司埋下了隐患。

二、主要做法

一是注重选择代表，奠定工作基石。在物业引进工作开展的过程中，选出社区内威望高、办事公道的党员、干部、党代表、群众代表、人大代表、政协委员及社会组织负责人、群团组织负责人、专业社工、职能部门负责人作为会议代表，大家共同协商小区面临的卫生保洁问题，以及业主委员会成立和引进物业公司等问题。在社区引导和会议代表的宣传影响下，居民通过投票方式，成立了由原包头职业技术学院党委书记为主任、退休老党员、热心人士组成的业主委员会，居民自治自管的积极性得到有效提高。

二是注重营造氛围，筑牢群众基础。采取多形式、多渠道把民主协商的成果进行广泛宣传，推动更多居民知晓、参与和赞同，从而进一步激发居民参与社区事务的活力。通过微信群、发放宣传单、张贴致业主的一封信等形式，宣传引进物业的意义和作用；组织阳光义工志愿者团队、业委会成员、热心居民和工作人员一同入户，通过发放问卷、说服动员，对原本持中立态度的居民积极争取，在最短的时间里让更多的居民打消顾虑，经过居民投票表决，多数业主同意引进物业公司。

三是注重民主协商，推动居民自治。在充分了解居民需求的基础上，业委会各成员积极发动其居住楼栋的居民，广泛联系物业公司，在规定时间内居民们向业委会上报有意向的物业公司名单。由社区、居民、业委会、物业公司相关人员组成评选小组，与10多家有意向的物业公司一一见面，面对面交流，进行“座谈式”商讨，根据公司的实力、口碑选出3家物业公司作为初步入选名单，并公示备选名单，接受居民的监督。评选小组按照预收取的物业费、服务标准等因素及3家公司的竞选陈述，投票选举出由鸿尔泰物业公司以“先进场服务，再签订协议，最后收取物业费”的方式为小区提供物业服务；再通过微信群、张贴通知等形式将选举结果和服务方式告知居民，让大家共同参与对物业公司的监督。

四是注重资源整合，实现协同发展。为了方便物业公司迅速入驻开展管理服务，针对百兴小区建成时间较早、房屋配套设施相应老化的问题，组织召开治理联席会，决定搭载基层宣传思想文化基地建设项目，从改造提升小区广场入手，配套开展硬件提升，以“一兴”带动“百兴”。为了不影响居民正常生活，街道办事处制定了详细的改造“攻略”，社区主动联系协调区建设局、区文体局、区房管局等多个部门，为小区展开了一场精准而快速的“微创手术”，即由区文体局负责活动广场改建、区建设局负责树木修剪、区房管局负责路面维修、街道办事处负责井盖更换，加强配合沟通，做到同一时间进场开工，在最短的时间内结束整个改造过程，为物业公司的顺利进场提供便利条件。

三、工作成效

经过自由路街道办事处、文昌社区、业主委员会、居民代表的不懈努力，5 月 28 日，鸿尔泰物业公司入驻百兴小区开始提供服务，并于 6 月 28 日正式签订了市场物业合同，困扰了小区居民一个多月的物业缺失问题得到顺利解决，百兴小区的生活居住环境得到了极大的改善，社区、物业公司和居民三者之间的关系越发融洽，群众的满意度节节攀升，百兴小区的“百兴”之名真正变得名副其实。

四、工作启示

以居民需求和存在的问题为导向，以居民议事会、治理联席会为抓手，鼓励推动社区居民之间的交流、沟通、协商和合作，培育居民参与社区治理的积极性，增强居民对社区基层民主建设的认同感，提升社区治理能力和服务水平。

| 案例点评 |

该案例以社区居民关切的小区物业缺失问题作为协商议题，向我们展示了“一核多元、协商共治”的社区协商模式。在社区党组织的领导下，成立了业主委员会，在广泛征求各方意见和建议的基础上，通过规范完整、科学有效的协商流程，充分考虑多方利益诉求、服务需求后，形成了问题解决的有效方案。

该协商案例中的小区呈现出“四多一少”特点，即小区管理经历多、居民构成类别多、小区居民需求多、出入小区道路多、主动缴费居民少，这说明小区物业管理问题较为严重。经过成立业主委员会、充分营造协商氛围，在协商中推动居民自治，通过整合资源，协同推进，最终顺利引入了市场化物业管理公司，困扰了小区居民的物业缺失问题得到顺利解决，百兴小区的生活居住环境得到改善，社区、物业公司和居民三者之间的关系越发融洽，群众的满意度节节攀升，社区的可信度名实相符。该案例中，协商议题征集、协商主题选取、协商流程管控、协商成果落地等方面，具有实践意义和示范价值。

"1+3+N"协商议事合民意

包头市青山区幸福路街道幸福社区

| 社区简介 |

幸福社区面积 0.31 平方千米，辖区有居民楼 65 栋，平房 2 栋，住户 3721 户，居民 8128 人。社区党委下设 6 个党支部，党员 258 人。社区设有大学生实习基地。

社区以"党群一家亲，幸福和谐情"为抓手，根据自身实际，制定"三服一帮"（即服务党员、服务群众、服务社会，帮助有困难的人群）工作思路，本着"真诚、专业、精准、热情"的服务态度和宗旨，多方联动，拓展爱心帮扶公益事业。锁定特需人群，以"小事情彰显大情怀"为切入点，帮扶关爱社区困难群体，通过"微小实事"有效拉动各方互动，逐渐形成"幸福公益圈"。社区党委牵头，有效整合社区党员、艺术团、热心居民、物业公司等具有特色服务的志愿服务群体，联合劳动公园、救助站等辖区单位开展大型公益活动，助推"幸福飞扬"志愿者服务队积极参与社会志愿服务活动，形成"志愿服务，自愿服务"的良好态势，不断提升群众的幸福感和自豪感。

幸福社区先后获得 2015 年创建"爱心接力站"，架通与困难群体沟通的桥梁三等奖、2016 年"幸福益家"党员扶贫服务一等奖、2016 年日间照料服务中心"凝聚力量 传递爱心"首届社会组织公益创投大赛 A 类文体活动类三等奖、2017 年社区"党员和事佬"三等奖、2018 年社区"红星摄影室”三等奖、2019 年“红领集结号”关爱帮扶特殊群体公益项目三等奖、2019 年青山区第十三届民族团结进步和谐社区等荣誉称号。

| 案例详述 |

一、背景与起因

幸福路街道幸福社区辖幸六、幸七 2 个街坊小区，共计 66 栋楼房和 2 栋平房，居民 3783 户。房屋建筑总面积 15 万平方米，多数为 20 世纪 80~90 年代开发的楼盘，属于青山区中心城区典型老旧小区。小区管网规划不统一且公共设施老化严重，造成堵漏跑冒现象不断困扰居民，小区基础设施维护和管理问题较为突出。

为了切实解决好居民群众关心的热点民生问题，社区党委积极探索小区协商自治的新思路，多方征求意见，由社区网格员联合楼栋长、单元长开展了全面入户调查，收集民情民意、工作建议等，发放且收回民意调查表 2321 张。民调结果分析得出，2 个小区虽然都引进了准物业服务，但物业服务企业收费率较低，难以承受大范围老化线路和管网的维护或更换支出，二次管网等公共设施破损或故障应由居民共摊费用，但小区老年人、下岗职工多，收入较低，人员成分复杂，公共设施维护、维修从推动到集资难度较大，居民普遍希望社区能够采取有效措施，解决这一困扰居民生活的民生问题。社区党委以居民自治为基本出发点，结合小区实际，以“民事民提、民事民议、民事民决、民事民办”的工作理念，充分运用“1+3+N”协商议事机制（社区党委牵头引领；居委会、居民代表和社区网格员发挥作用；职能部门、共建单位、物业公司、志愿者队伍等多方社会力量积极参与，共同协商解决小区公共事务）为群众排忧解难，共享治理成果，共建和谐社区。

二、具体案例

幸福社区幸七街坊 31 栋、32 栋 95 户居民与临街 7 个商户底店共用同一根下水管线，由于管线细且年久老化等原因，导致下水每隔 1 个月就堵溢一次，给居民造成极大的困扰。许多居民向社区提出了更换下水主管线的建议和要求，希望社区能够尽快帮助解决。

三、做法与经过

（一）“一方”牵头，了解居民心头事

幸福社区党委在收到居民反映的问题后，急群众所急，按照民主协商“1+3+N”模式，组成由社区党委牵头，由房管部门、居民代表、城市管理综合执法局、物业公司等多方组成的民事协商治理工作组。工作组成员进行现场全面勘察，发现该管道确实为商住共用下水管道，规划建设时的下水管道口径较小，无法满足排污需要，多年使用后油污、石块等造成管道大面积堵塞。社区党委牵头召开工作组专题会议，共同商榷研究幸七31、32栋下水主管道堵塞问题，最终通过与涉事楼栋长、单元长商讨，初步达成一致，认为采取更换共用管道，将住户与底店管道分开使用的方案，才能彻底解决管网经常堵溢的问题。

（二）“三方”出力，征求意见顺民意

根据工作组前期勘查和会议研讨初步确定的方案，社区网格员在居民代表的配合下，分成8个小组，对31、32栋95户楼房居民和7户底店商户开展入户走访工作，一户不落地征求居民意见与建议。78%的居民和商户建议破路更换老旧管线，彻底解决问题；16%的居民提出破路维修影响居民出行、存在安全隐患及路面夯实不好将来造成塌陷等后顾之忧，故对破路维修存有异议；6%的居民认为可以维持现状，什么时候堵了什么时候清掏。居委会主任联合各单元长对提出反对意见的居民逐一亲自走访，面对面沟通，耐心做好解释工作。通过居委会、居民代表、网格员的配合和努力，居民和商户百分之百同意支持更换下水主管线这一解决方案，共识的达成为下一步实施打下了坚实的民意基础。

（三）“N方”合力，共奏幸福和谐音

1. 召开协商议事会，建言商讨做决策。社区党委组织召开协商议事会议，召集居委会、居民代表、物业公司、职能部门和社区志愿者，共同商讨，民主决策。最终与会人员达成一致意见，确定实施方案：由社区党委

牵头，联系住建局选取有资质的施工单位，由居委会和居民代表对接施工单位；住建局、执法局配合施工相关工作；涉及的费用由物业服务企业承担20%，商户承担40%，居民承担40%。会后，将协商议事会议议定方案张贴在公示栏内公示，接受群众监督。

2. 分工细化推进度，保质保量完工程。社区党委牵头，按照协商议事方案，将任务细化分解，制定实施责任清单，将责任单位、负责人、时间安排落实到位。一是社区党委积极联系对接住建局，对施工单位的资质进行审核，并对工程进行验收；二是居委会主任和居民代表、社区志愿者共同负责跟踪、监督施工的进度和质量；三是在施工期间，执法局严格管理规范周边小商户经营行为，并提供围挡设施和居民安全出行温馨提示牌，降低破路施工安全隐患；四是物业公司安排技术人员、保洁员、巡逻员积极配合施工期间的安全和卫生清理工作。最终，短短6天时间全部顺利完工，赢得了居民群众的一致好评。

在多方共同努力、目标一致、相互理解、相互支持、相互信任的基础上，"1+3+N"协商议事机制解决了社区群众的实际需求，有效提升了社区居民的自我管理、自我服务、民事民决的意识，增强了群众的获得感、幸福感、安全感。

四、工作成效

社区党委充分发挥党组织的牵头引领作用，以社区协商议事工作机制为抓手，进一步强化了居民自治意识，构建出"开放式"的公众参与格局，有效保障了社区居民的知情权、建议权、参与权和决策权。协同配合积极解决居民群众的诉求和矛盾，在解决问题的过程中，充分尊重居民意愿，广泛征求意见建议，整合多元"N"方社会力量，切实把通过社区协商议事解决群众困难工作落到了实处。

五、启示和反思

社区党委凝聚"关心社区、服务社区、建设社区"的多方合力，实现社区资源的互补互助和集成共享，民主协商在社区治理过程中逐步成为关键力量。新的自治模式取得成效的同时，也存在需要改进完善的地方，社区党委将进一步深化“1+3+N”协商议事机制，突出发挥党委引领作用，完善议事协商工作流程，定期召开居民恳谈会，集思广益，挖掘更多社会资源处理好社区各项公共事务，有效促进社区民主协商与自治能力，为营造和谐、幸福、温馨、健康的社区环境提供有力保障。

| 案例点评 |

该案例选取了社区居民关心的小区基础设施维护和管理问题作为协商议题，介绍了幸福社区“1+3+N”协商议事模式。在社区党组织的领导下，一方牵头、三方出力、N方合力，通过规范完整的协商流程，充分考虑多方诉求后，形成了解决问题的有效方案。

该协商案例构建出“开放式”的公众参与格局，有效保障了社区居民知情权、建议权、参与权和决策权，协同配合积极解决居民群众的诉求和矛盾。经过协商，解决了社区群众的实际需求，有效提升了社区居民的自我管理、自我服务、民事民决的意识，增强了群众的获得感、幸福感、安全感。征集的协商议题具有针对性，选取的协商主题具有导向性，设定的协商流程具有规范性，产生的协商成果具有实效性。

儿童家园　道路通畅

包头市东河区北梁新区安居社区

| 社区简介 |

安居社区地处城乡接合部核心区域，辖区面积 0.46 平方千米，有 3 个居民小区，36 栋楼 98 个单元，总户数 4676 户，居民 12727 人。辖区有 8 家行政和企事业单位。

社区设有一站式服务大厅、城展馆、多功能会议室、文体活动室、多功能健身区、书画室、图书阅览室、心理咨询室、学习讲堂、志愿者服务站等功能室。社区周边教育服务资源较为集中，东河区新时代文明实践中心设在安居社区。

社区自成立以来，坚持以党建为引领，以居民需求为导向，以网格化管理、精细化服务为出发点，打造环境优美、服务完善、功能齐全、文明祥和的社区。在宣传群众、教育群众、关心群众、服务群众等方面先后成立理论宣讲、帮扶济困、创业指导、留守儿童、治安巡逻、法律宣传、文明引导、妇女援助等 14 支志愿服务队，开展了“社区春晚”“草根宣讲”“百姓电视台”等特色活动，先后获得包头市文明社区、包头市优秀志愿服务社区、包头市优秀基层党组织等荣誉称号。

| 案例详述 |

随着社会的发展、时代的进步，群众利益诉求更加多元化，因此迫切需要加强社区民主协商，有效维护群众切身利益，促进社区和谐与文明进步。党的十九大报告强调“发挥社会主义协商民主重要作用”，并作出了重要部署，进一步明确了社会主义协商民主的前进方向。北梁新区安居社区积极响应社会发展形势，认真贯彻党的十九大会议精神，以社区居民议事委员会为载体，着力在社区民主协商制度化、规范化和程序化上下功夫，有力推动了社区民主协商健康有序发展。

一、主要做法

（一）搭建协商平台

遵循“两个统一、两个必须、两个不能”原则，即在社区组建统一的常设协商议事机构——居民议事委员会，确立统一的议事地点——百姓议事厅；居民议事委员会必须在社区党委的领导下依法有序开展工作，居民议事委员会开展民主协商必须遵守党的方针政策和国家法律法规；居民议事委员会不能取代社区党委和社区居委会，不能侵犯法律赋予居民会议和居民代表会议的权力。

（二）规范协商内容

坚持广泛协商，注重合法有效，针对不同渠道、不同层次、不同地域特点，明确了协商内容“五议三不议”。“五议”：涉及辖区居民切身利益的公共事务、公共环境、公益事业；当地居民反映强烈、迫切要求解决的实际困难问题和矛盾纠纷；党和政府的方针政策、重点工作部署在社区的落实；法律法规和政策明确要求协商的事项；各类协商主体提出协商需求的事项。“三不议”：违反党的政策、国家相关法律法规的事项；上级党委、政府有明确要求、明文规定必须执行的事项；明显带有歧视性、不公平的事项。

（三）规范协商程序

结合实际，规范了协商议事的 5 个基本环节：一是收集问题。社区“两委”和居民议事委员会，通过入户家访、热线电话、微信群、微信公众号等多种渠道，收集群众反映的问题并建立台账。二是拟定议题。社区“两委”对收集到的问题进行集中研究，初步确定协商议题。三是多方商议。建立并完善“e+2+4”的协商会议机制。“e”即社区网络电视，北梁新区安居社区创造性地将社区网络电视平台融入社区协商议事机制，协商会议中通过社区网络电视进行公开直播，使辖区居民更直观地了解协商过程；“2”即协商会议由社区党委、居委会牵头；“4”即物业公司、居民代表、矛盾双方共同与会协商，确保各类主体充分发表意见和提出建议，形成协商结果。四是公开结果。形成协商意见后，将协商结果以居民公约、计划方案等形式确定，通过张贴通知、社区微信平台等渠道进行公示。五是监督执行。按照“谁负责、谁执行”“谁受益、谁监督”的原则，分类抓好协商结果的落实。

二、典型案例

（一）主要事由

包头市儿童家园位于东河区北梁新区南五小区大门前，南五小区和银匠窑市民广场之间仅有一条双向单车道，每当幼儿园上下学的高峰期，家长们经常占道停车，接送孩子上下学，造成交通拥堵，严重影响南五小区居民的出行，且极易引发交通事故，存在很大的交通安全隐患。有些家长想把车辆停进南五小区，但物业保安及小区居民均拒绝外来车辆停放进本小区，几方人员各自都有各自的需求，各说各的理，很难心平气和地在一起协调解决此事。

（二）协商解决过程

在详细了解以上情况后，安居社区党委和居委会认真研究，研判问题，多次讨论，实地查看，最终决定开展“e+2+4”协商会议进行社区协调，社区党委、居委会召集物业公司、居民代表、包头市儿童家园负责人及家长代表，共同协商解决这个问题，会议全程通过社区网络电视进行直播。多方代表坐在一起，在目标一致、相互理解、相互支持的基础上，探讨商议，愿意共同为南五小区居民及包头市儿童家园创造一个安全、顺畅的交通环境。最终，经多方商议决定，接送孩子的家长把车停到安居社区门前的空地，由社区提供场地，对车辆进行分流，学校上学放学接送孩子的高峰期由包头市儿童家园的保安及南五小区物业保安负责引导车辆的停放。此外，社区划好规范的停车位，防止乱停乱放，提高空间利用率。这次开展的社区协商有效解决了小区业主及幼儿园家长的实际需求，也解决了群众生活的实际矛盾，为建设一个和谐的美好家园打下了坚实基础。

（三）协商成果

这是一个社区协商的个案，但涉及的面广、群体多，社会关注度高。这次社区协商得到了大部分群众的支持，切实满足了群众的需求。这是一次成功的实践，关键是社区党委在社区治理的过程中，发挥出了牵头引领的作用，不回避矛盾，广泛听取意见和建议，充分尊重群众意愿，多方共同参与，切实把社区协商落实到位，让广大群众在自我管理、自我服务中共同创造和谐美满的生活家园，共同维护良好的生活环境，共同享受社区协商的积极成果。

三、主要成效

（一）强化了社区党委的领导核心地位

社区党委一方面对协商议题、协商程序进行把关定向；另一方面积极引导群众广泛参与、有力推动协商成果落实，变大包大揽为组织引导，变“替民做主”为“让民做主”。

（二）提升了基层社会治理水平

社区协商，激发了基层群众民主参与意识。当前，一些群众对所在社区的归属感不强，参与公共事务热情不高。协商议事委员会为基层群众参与民主协商提供了平台，使他们都有机会平等参与议事，充分表达自己的真实意愿和想法，形成了有序参与、平等议事、凝聚共识的良好局面，有效保障了社区居民当家做主的权利，畅通了不同利益诉求方有效沟通的渠道，既能引导群众理性思考问题、表达诉求、对待分歧，学会集思广益、群策群力、相互支持，共建幸福美好家园；又能通过多元主体对社区治理、公共事务和公益事业的合作管理，及时发现和化解一些苗头性、倾向性矛盾和问题，避免问题扩大化，促进社会和谐稳定，有效提升了基层社区治理水平。

四、主要启示

（一）推进社区民主协商工作，社区党委要高度重视

社区党委是推进社区民主协商工作的首要关键，只有社区党委特别是一把手的高位推动，才能形成各部门牵头抓、工作人员协同抓、社区居民配合抓的工作格局。

（二）推进社区民主协商工作，必须切实保障基层群众的民主权利

社区民主协商如果缺乏广泛的群众基础，就会成为“空中楼阁”。安居社区在推进社区民主协商工作过程中，注重保障基层群众的民主权利，调动基层群众参与的积极性。在协商主体上，把方方面面的群众代表作为协商主体；在协商内容上，把与基层群众切身利益紧密相关的事项作为协商重点；在协商过程中，无论是事前收集问题，事中多方商议，还是事后成果落实，都注重发挥基层群众的主体作用。

（三）推进社区民主协商工作，必须做到“法、理、情”有机结合

民主协商的特性决定了开展这项工作必须做到依之以法、晓之以理、动之以情。安居社区在推进社区民主协商工作过程中，以法律法规为依据，在依法依规的前提下，根据不同事项、不同对象、不同内容、不同诉求，坚持从整体大局、公众利益、多数意见进行协商，注重以理服人、以情动人，协商基层事项和问题，力争群众满意、整体和谐。

（四）推进社区民主协商工作，必须抓好成果落实

协商成果得不到有效落实，民主协商的权威性势必被削弱，居民参与协商的积极性势必降低。安居社区充分认识到抓好成果落实的重要性，针对不同协商成果，严格落实社区“两委”和社区有关部门的责任；将成果落实纳入“三务公开”栏，将落实情况向群众公开，接受监督，建立健全成果反馈机制，取信于民。

| 案例点评 |

该案例选取了社区居民出行方便、家长接送学生上下学安全及车辆占道停车拥堵等问题作为协商议题。在社区党组织的领导下，在广泛征求物

业公司、社区居民、包头市儿童家园负责人及学生家长等多方意见的基础上，通过规范、公开、高效的协商流程，充分考虑多方诉求后，形成了利用安居社区门前空地，提供给学生家长，解决学生家长上下学高峰期停车难问题的共识。

该协商案例在协商议题选取上通过多种形式多方征集，选择了社区居民关心、学生家长关注的问题，协商流程规范、协商参与人群广、协商决议具有可操作性，能切实解决困扰群众的问题，且在协商过程中采用了会议全程通过社区网络电视进行直播这一创新形式，不仅有利于群众了解社区协商、方便协商决议的有效推进，更有利于增强社区居民参与社区协商的积极性和对社区协商解决群众问题的信心。这一社区协商创新形式，为其他社区的民主协商工作提供了示范与参考。

团结社区“3+X 四方共议”机制

包头市土默特右旗萨拉齐镇团结社区

| 社区简介 |

团结社区辖区面积 4.5 平方千米，辖 17 个居民小区，总户数 5413 户，居民 13532 人，在册党员 166 名。辖区有中小学校 3 所，商业街区 1 个，驻区事业单位 5 家，非公企业和社会组织 1 个。

团结社区坚持共建共治共享理念，践行“3+X 四方共议”模式，打造了“党委牵头、居委协调、居民互动、相关方共议”的民主协商议事机制，形成了党建引领基层治理的工作格局。

一是社区互动促融合。协商共议提出需求清单 15 条、资源清单 15 条，形成 12 个具体项目。二是社区治理齐参与。由社区党委牵头与辖区内的 6 家企事业单位、社会组织党组织等联合共建，深入推行“3+X 四方共议”机制，共计协商解决各类问题 60 余项。为华科小区居民解决多年想解决却未能解决的三件民生大事——接通天然气、接入自来水、与农电局对接电网；为向阳小区居民解决高层居民吃水难、用水难问题；为华科小区等 6 个小区化解物业与居民矛盾，成功引进新的物业公司。三是社区服务惠民生。通过“双服务、双认领”、在职党员进社区、无职党员认领公益类岗位 3 条具体服务内容，实现基层治理等 5 大类 12 项具体服务内容惠及民生。四是社区文化聚活力。以党建引领文化、以文化凝聚人心，组建 5 支文化志愿者队伍，开展各类文化活动 25 次，有效提升和发展了社区文化。

| 案例详述 |

一、实施背景

团结社区党委每年年初通过发放征求意见卡、设立征求意见箱、入户访谈、召开座谈会、网络征询等多种渠道收集社情民意。经过认真梳理，华科小区居民反映强烈的问题是：因建设时铺设煤气管道后停用，居民只能使用罐装煤气，存在改造天然气的历史遗留问题，但因各方承担改造费用的矛盾，经政府相关部门多次协调解决均未达成一致协议，问题一拖再拖，给居民生产生活造成诸多不便和困扰。团结社区党委、居委会结合“3+X 四方共议”协商民主机制的推行，经社区“两委”研究，将华科小区居民群众反映强烈、迫切要求解决的天然气改造入户工程列为首要协商议题予以推动实施。

二、主要做法

（一）健全组织体系，保证人员力量

社区党委召集华科小区党员、热心人士和关注天然气的居民协商，一致同意成立业主委员会，协调居民内部的事情，由参会人推选华科小区业主委员会候选人，社区党委推荐华科小区业主委员会筹备组工作人员。经过推荐、公示、居民选举等几个步骤，成立了由退休老党员、在职党员、威信较高的 15 位居民代表组成的华科小区业主委员会。

（二）明确职责分工，保证工作效率

社区党委组织居委会、业主委员会、物业公司多次召开联席会议，讨论在通天然气过程中可能存在的困难和问题，并针对这些问题和困难建言献策。经几次联席会讨论后达成一致：需要上级部门支持的资金、技术等问题由社区党委协调；需要居民出资的解释工作、动用公维金、在安装过程中居民与工程单位的矛盾等问题由业主委员会协调；业主委员会协调不能解决的由社区出面协调解决。

（三）多方协商沟通，保证思想统一

社区党委多次找到旗住建局、华亿能源天然气公司，就华科小区改造天然气工程进行协商沟通，争取政府部门和建设单位的支持。涉及各方承担资金问题，一商再商，各执己见，无法达成共识。开发商认为：公司建造的管道已具备通气条件，而且不通天然气不是公司造成的，是居民不愿承担相关费用。华亿能源天然气公司认为：公司是营利性机构，只负责工程的施工和工程质量，其他费用与本公司无关。居民认为：买房时，房价内已经包含了各项基础设施建设费用，也不想交钱。协商工作一度陷入僵局。社区党委经过认真思考和分析，转变思路：将就工作谈工作的思路转变为用真情谈工作、用真心促工作的思路。社区党委决定，召集华科小区改造天然气工程第一次协商会。经过社区充分准备，用感同身受的真情和对居民真心的关爱向旗住建局、华亿能源天然气公司、开发商介绍了居民因使用罐装煤气而煮不熟饺子、80 岁大爷因行动不便不敢用罐装煤气等鲜活事例，感染着与会人员的心，希望各单位把这项花钱的工程转变为一项爱心工程。通过这次会议，各单位的思想认识大有转变。第二次协商会上，各单位由以前不出资转变为出资金，但在资金分配比例上仍有意见，社区党委再次单独与各部门协商沟通，就出资比例希望各单位作出让步。第三次协商会上，事情终于有了转机和结果，各方同意了社区党委划分的出资比例：

1. 由旗住建局动用公维金 30 万元；
2. 由华科小区开发商出资 30 万元；
3. 动用居民公维金 800 元/户，收取现金 1000 元/户（由社区代收，约 44 万元）；
4. 剩余工程款约 40 万元，由华亿能源天然气公司自行解决。

与各单位协商好出资比例后，居民承担的费用由社区居委会和业主委员会做居民的思想工作和相关收费手续工作。对于社区来说，这无疑是一场硬仗。经社区党委深入思考与全面研究，既要消除居民的疑虑，又要把好事办好，还要通过解决这件事情，提高社区的号召力和凝聚力，让社区居民相信社区党委就是他们的主心骨。社区连发了 3 个通知，将整个事情

全程向居民公示。张贴第一号通知，告知华科小区一期居民，天然气改造工程已经落实到位，需要居民积极配合居委会和业主委员会的工作，签字动用公维金并限期收缴现金 1000 元/户。通知张贴出去的第二天，小区居民议论的都是这个事儿，有愿意出钱的，有不愿意出钱的，还有个别人说政府是在哄骗他们的钱，完了之后一走了之，总之各种声音都有，这是张贴通知前就预料到的情形。第三天，社区党委将工作人员、业主委员会成员、热心公益的居民分组、分楼栋，逐户做工作，白天没人晚上去，一次找不到找二次、三次，再找不到的想办法打电话告知，把社区党委想为他们办实事的决心和信心说明，并把如何艰难地争取资金进行了讲述。第七天，好多居民主动找到社区缴费签字，446 户居民在 10 天内完成了动用公维金签字程序和缴费工作，居民对缴费这件事情的转变和支持，超出了之前的预想，激励着社区党委和每个工作人员做好工作的信心和决心。张贴第二号通知，将收费情况和居民签字情况进行详细说明，并将居民收费汇总表和上缴华亿能源天然气公司的回执一并进行张贴公示，向居民清清楚楚地交代收支明细。张贴第三号通知，天然气改造工程已经全部完毕，请全体居民保证家中有人，天然气公司工作人员入户检测气源并开通天然气。第三号通知张贴出去，整个小区是沸腾的，居民们自发组织了“团结社区‘庆通气迎新年’居民新年联谊会”，以表达对社区的感谢和感激之情。华科小区天然气改造工程完工后，社区党委更加坚定了工作方向：居民脸上洋溢的笑容，就是我们的使命。

（四）监督工程质量，保证好事办好

按照保证进度、确保质量的原则，华亿能源天然气公司于 2014 年 12 月 25 日前通气。

三、取得的成效

天然气改造工程完工之后，居民不再使用罐装煤气，既减少了安全事故的发生率，又方便了居民生活；居民每月使用燃气费用从原先罐装煤气 700 元左右/户降低到使用天然气后的 200 元左右/户，降低了生活成本。据初步统计，华科小区居民每月节约开支 60 万元。

“3+X 四方共议”社区协商机制，充分发挥了社区党组织凝聚各方的桥梁纽带作用，为解决居民切身利益和困难问题作出表率，为提高土右旗城镇社区治理能力探索出了一条新途径，使各社区基层党组织成为旗委旗政府排忧解难的有力武器。在华科小区改造天然气安全成功后，团结社区党委运用“3+X 四方共议”机制，先后解决了团结社区各老旧小区无物业、平房区老街巷整治等多项关系群众切身利益的民生工程。

| 案例点评 |

该案例选取了社区居民关切的天然气改造入户工程作为协商议题，介绍了团结社区在实践中形成的“3+X 四方共议”机制，是具有典型意义的一个社区协商案例。在社区党组织的领导下，首先成立了小区业主委员会，然后组织居委会、业主委员会、物业公司多次召开联席会议，在广泛征求多方意见的基础上，通过规范完整的协商流程，充分考虑多方诉求后，形成了工程资金筹集解决方案。

该协商案例体现了社区协商工作的系统性，即协商前先成立业主委员会，然后由业主委员会参与到协商过程中，充分发挥业主委员会在居民中的代表作用；协商过程充分发扬民主，体现了协商的民主科学性；协商流程符合规定，协商成果具有可操作性和权威性。

借鉴该案例成功经验，运用“3+X 四方共议”机制，团结社区先后又解决了各老旧小区无物业、平房区老街巷整治等多项关系群众切身利益的民生工程。该案例既在社区居民中形成了民主协商的良好氛围，又为其他社区处理类似问题提供了值得参考的有益经验。

"集、访、议、抓"议事协商见成效

呼伦贝尔市牙克石市牧原镇牧新社区

| 社区简介 |

牧新社区位于牙克石市新城区，辖区面积7.03平方千米，共有7个居民小区，10个居民小组，现有住户688户，居民1396人。社区在册党员65人，辖区企事业单位3个。

社区自成立以来，坚持党建引领、服务为本的发展理念，以居民满意为标准，整合社会资源，强化社区功能，简化办事流程，让居民感受到门好进，事好办。规范的社区管理体系是规章制度有效执行的组织保障，强化社区管理体系，建立健全各项管理制度，努力探索社区高效管理模式，合理配置管理力量，扁平化管理体系，让管理更高效、更贴近百姓。

| 案例详述 |

牧新社区自2018年7月成立以来，所涉及居民利益的大事小事都通过民主协商进行解决，形成"民事、民议、民决"的良好氛围。

一、牧新社区活动场所细化分区的背景

随着辖区居民入住率的提高和居民生活水平的提升，特别是居民退休人员比例较大，对于文娱活动要求较强烈。新城区正在建设中，对于在此居住的居民来讲，缺少功能全面的活动场所。基于这种情况，辖区居民向

社区提出将“社区党群服务中心”细化分区，保证满足每一类人群的需求，形成了社区成立以来急需解决的一个议题——如何细化活动场所功能分区的问题。

二、具体做法

（一）“集”民意

根据居民提议，居委会就如何细化活动场所功能分区的议题于2019年2月15日召开2019年第一次居民代表会议，本次会议邀请居民代表10人、社区“两委”成员8人、党员代表2人参加会议，进行“一事一议”。在讨论中，收集到居民最关心的问题：

1. 社区活动场所现在的功能划分不够细致，无法满足居民日益增长的活动需求。

2. 部分居民代表表示再继续划分活动场所，现有的这几项活动项目的活动区域将变小，会引起现在活动居民的不满。

（二）“访”民情

根据居民代表会议上收集的民意，为了进一步了解实际情况，居委会工作人员采用对辖区居民进行走访征求意见、设立意见簿等方式，就活动需求进行征集。走访后得知：部分居民对于舞蹈、棋牌和乒乓球健身的呼声比较强烈；部分居民对于健身有很大需求。

由于活动场所划分存在一定争议，2019年2月20日，社区组织召开了第二次居民代表大会，此次会议由居民代表、社区“两委”成员、党员代表共同参加，继续就如何细化活动场所功能分区问题进行讨论。社区工作人员对上一次的讨论结果向上级主管部门反映后，决定对社区办公场所进行再次压缩，最大限度地将场所用于服务居民。通过这次讨论，最终确定主要议题：

1. 是否可以将活动场所按照针对不同年龄段的居民对于活动的不同需求进行划分。

2. 划分后该如何进行管理。

（三）“议”方案

根据第二次居民代表会议达成一致的讨论结果，牧新社区又于2019年2月25日召开了第三次居民代表会议，由居民代表10人、“两委”成员8人、党员代表3人参会。此次会议就第二次居民代表会议达成一致的协商议题进行讨论，表决产生解决方案。

1. 在社区一楼设立综合活动场所，满足大部分居民的活动需求，面积400平方米；

2. 在二楼设置个性化服务区，满足另一部分居民的活动需求，面积200平方米左右；

3. 所有活动场所免费开放；

4. 由活动人员自行推选管理人员进行日常管理。

（四）“抓”落实

方案通过后，社区居委会紧抓落实，由社区主任向上级主管部门负责请示报告，采购活动器材。

1. 对一楼活动区进行了功能分区：分为舞蹈区、棋牌区、健身区。舞蹈区配置休息长椅7个和备品柜4个；棋牌区配置棋牌桌7张，凳子30个；健身区配置动感单车5台。所需设备或设施，均由牧原镇党委政府用社区经费代为购置。

2. 对二楼的个性化活动区进行了分室打造：模拟驾驶室——主要满足辖区内有考驾照需求的居民，进行日常的模拟驾驶练车，为这部分居民解决了去驾校练车路程远、练车次数有限的困难。购置模拟驾驶机2台，汽车发动机1台，由牧原镇党委用社区经费代为购置。健身室——为年轻居民提供8台动感单车、5台跑步机，这些设备经协调由市总工会投放。乒乓球活动室——为一些退休后仍有这方面爱好的居民提供活动和交流的平台，由牧原镇党委用社区经费代为购置两张乒乓球台。儿童之家活动室——这个活动室的建立既满足了社区小朋友玩耍锻炼的需求，也为监护孩子的成年人提供了体感健身设备，兼顾了照顾孩子和健身需求。由牧原镇党委用社区经费代为购置了蹦蹦床1个、乒乓球训练器2个、板羽球2套、体感健身机1台、电视机1台。

三、经验总结

经过社区协商和社区工作人员的执行，2019 年 5 月末，牧新社区活动室分区改造全部完成，并投入使用。现在活动场所的利用率非常高，甚至需要通过规定时间段，按照轮流活动的原则，才能满足所有居民都来活动的需求。在活动室的管理方面，实行了居民自我管理、自我服务的运营模式，活动室干干净净，被管理得井井有条。活动室的建立及功能室的合理划分得到广大居民的一致好评。

| 案例点评 |

该案例选取了社区居民关心的如何细化活动场所功能分区的问题作为协商议题。在社区党组织的领导下，在广泛征求多方意见与合理建议的基础上，通过规范的“集、访、议、抓”协商流程，充分考虑多方诉求与利益格局后，形成了问题解决的最佳方案。

该协商案例中，针对社区居民对于文娱活动表现出的强烈需求，形成了“集”民意、“访”民情、“议”方案、“抓”落实的创新协商模式。通过多方协商与多次沟通，活动室分区打造全部完成并投入使用，实行了自我管理、自我服务的运营模式，得到广大居民的一致好评。协商议题征集时集思广益，协商主题选取时精益求精，协商流程运行时合理合规，协商成果落地时彰显实效，具有一定的参考价值和示范效应。

访民情民意　促协商协作

呼伦贝尔市根河市河西街道沿河社区

| 社区简介 |

河西街道沿河社区地处根河市西部，辖区面积约 0.3 平方千米，共有 9 个居民小区，总户数 1471 户，居住人口 2500 人。居民主要以事业单位工作人员为主，其次是无职业居民。社区有最低生活保障户 121 户，残障人士 63 人，领取 80 岁高龄补贴 90 人。沿河社区党支部现有在册党员 64 人（含流动党员 31 名），离退休党员 19 人，大中专毕业学生党员 4 人。

社区内设“一站式”服务大厅、医务室、日间照料室、社区图书室、棋牌室、多功能会议室、乒乓球室、台球室、人防工作站、儿童友好家园、儿童启蒙室、舞蹈排练厅等功能室。

| 案例详述 |

沿河社区自成立以来，深入推进“访民情、促协商”协商议事、结果公示、监督执行工作机制，不断推进协商民主法制化、制度化、规范化发展，不断巩固党在基层执政基础和群众基础，确保依法议事、依法办事。

一、主要做法

（一）坚持法治理念，实施“三个化”

一是内容格式化。聚焦内容，明确“议什么”。收集到各方面议题后，认真研究，严格甄别，对涉及公共设施、公共服务以及影响公共安全的矛盾冲突等公共事务进行议事协商，个体利益、个人诉求不列入议事范围。

二是程序规范化。规范流程，明确“怎么议”。按照公开、公示、执行的工作步骤，将选定的议题、议事的结果、执行的情况全程向居民公开、公示，接受群众监督。

三是履行制度化。建章立制，明确“作用怎么发挥”。组建了沿河社区民情理事会，由社区党支部代表、社区“两委”成员、物业公司代表、有威望的老同志等人员组成。

（二）坚持发扬民主，体现“三个性”

一是收集渠道的多样性。沿河社区深入开展“访民情、知民意、解民情”，定期走访慰问，对重点对象“每天电话问候一次，每月上门走访一次”，与居民说心事，解心结。沿河社区利用社区在线信息平台、QQ、微信等现代化手段开展网上协商、线上协商，逐步拓宽协商形式，为居民搭建更为广泛的网络议事协商平台。建立民情恳谈日、社区警务室开放制度，畅通民意表达渠道，及时排查、化解矛盾纠纷。

二是参与议事的广泛性。广泛征求居民群众意见，召开民主协商议事会，组织各方代表充分沟通协商。

三是协商结果的一致性。民主协商议事会组织相关人员开展民主协商、平等议事，形成共识，作出的决定符合绝大多数群众意愿，形成最大认同点；若无法达成“全体一致”，按照少数服从多数的原则实现共识的多数一致；未达成共识的，做到条件不成熟的不强行协商，意见不统一的不强行决策，待条件成熟后，再进行二次或多次协商，最终达成共识。

二、社区召开民主协商议事会

会议由社区居委会、社区民情理事会成员召集和主持，应在会议召开前对社区居民反映比较集中的问题进行广泛深入的调查摸底，掌握基本情况，征询群众意见。

2019 年 3 月 1 日，沿河社区召开居民会议，此次会议由社区“两委”成员 8 人、社区党支部代表 3 人、居民代表 10 人、物业公司代表 2 人、有威望的老同志 3 人共同参加。

案由：由于自来水管老化漏水，一楼罗先生家跑水，罗先生与本单元 5 户协商出资修复自来水管，但没人同意，罗先生一气之下把自来水管关闭，造成本单元 5 户居民没水吃，然后邻里发生争议。

结果：经过核算，维修自来水管费用和浸泡罗先生家造成损失合计金额 15000 元。经过协商，由物业公司承担 70%的责任（10500 元），其余 5 户承担 30%的责任（900 元/户）。通过协商议事，本着以沟通、理解为基本理念，能够切切实实给居民带来实惠与温暖，受到一致好评。

三、经验总结

为保障社区居民知情权、建议权、评议权和决策权，使民意得到充分及时的表达，营造和谐的社会环境，社区将大家的意见和建议一一记录和整理，随时听取居民群众心声，促进社区建设人人参与，并着手进行下一步工作，集思广益共同建设和谐社区。

| 案例点评 |

该案例中，沿河社区根据多年工作经验，在社区协商中总结出了“三个化”（内容格式化、程序规范化、履行制度化）和“三个性”（收集渠道的多样性、参与议事的广泛性、协商结果的一致性），形成了协商流程较为规范、基层民主充分彰显的社区协商模式。

该案例中，确立了“访民情民意、促协商协作”的工作理念，形成了协商议事、结果公示、监督执行的工作机制，落实了社区居民知情权、建议权、评议权和决策权的工作目标，其协商议题、协商主题、协商流程、协商成果等方面，满足了社区居民的意愿或诉求，符合了社区协商的规范或要求，营造了优良的协商氛围，产生了积极的协商效益。

“便民小广场”诞生记

呼伦贝尔市海拉尔区胜利街道园丁社区

| 社区简介 |

园丁社区位于海拉尔河以东，伊敏河畔东岸，地处呼伦贝尔市政治、经济、文化中心，辖区面积 0.92 平方千米，总户数 6390 户，居民 12552 人。驻区单位有市广播电视台、市妇幼保健所等 19 家机关企事业单位，个体工商户 430 余家。

2018 年，园丁社区党群服务中心建成并交付使用，建筑面积约 2500 平方米，设置了便民一站式服务大厅、多功能活动室、图书阅览室、文体娱乐活动站、智慧社区工作站、群团及社会组织孵化站等。街道区域化党建促进会、爱心超市、红色展厅等功能室设置在园丁社区。

近年来，园丁社区始终以优化社区环境、服务社区居民为宗旨，先后获得了海拉尔区“模范基层关工委”“示范社区”“五个好社区党组织”等荣誉，园丁社区党委下属的银铃先锋党支部还荣获了海拉尔区“优秀基层党组织”荣誉。

| 案例详述 |

一、“便民小广场”诞生背景

园丁社区是一个人口密集、退休老同志多、室外公共服务场地稀缺的老旧社区。不少居民茶余饭后走出家门，选择在街上滞留闲逛。随着生活水平的不断提高，人们对室外活动场地也越来越重视和渴望。针对社区服务场地缺少、设施不完善等现象，社区党委采取补齐短板、优化功能、完善配套便民设施等措施，为居民打造“便民小广场”。

二、主要做法

（一）民生无小事，枝叶总关情，深入一线抓调研

2017 年 3 月 5 日，社区党委组织“两委”10 名成员和 10 名党员、群众代表就“便民小广场”选址问题，深入房产办统建一小区 1 号楼大院和 26 号、28 号楼之间、大红门小市场附近等进行实地走访，认真细致开展调研和征求党员群众意见建议。部分小区业主听说小区要建“便民小广场”，有的双手欢迎，有的议论纷纷，焦点是“便民小广场”的选址、私搭乱建需要拆除、僵尸车需要清除等问题。

（二）发挥自治功能，自己“说事、议事、主事”

2017 年 3 月 11 日，社区党委第二次召集党员代表、群众代表、小区物业人员、区域党建促进会成员单位的负责人，以及社区德高望重的离退休老同志集中在社区“党群议事厅”，共同协商解决群众热点问题。在协商过程中，大家针对群众反映的一些问题进行激烈的讨论。参会代表挨个发言，有的认为建成“便民小广场”是一件惠民的好事，但会影响大家休息；拆除私搭乱建，居民会有经济损失；等等。中间有插话有打断、有观点碰撞，大家的意见与建议都被详细记录了下来。2017 年 3 月 15 日，社区党委第三次组织开展了“访民情、听民声、察民意”调研，坚持问题导向，主动查找共性问题和薄弱环节，积极为群众宣传党的政策法规和构建和谐社区、创建文明卫生城市知识，切实把调研成果转化为解决百姓所需所盼的动力，为建好“便民小广场”前期工作夯实基础。

（三）解难题回应群众最急最盼，共同协商达成一致

社区党委组织代表就“便民小广场”事宜，再一次进行共同协商。大家虽然各抒己见，意见不统一，但是建成社区“便民小广场”是大家的共同愿望。经过 3 次协商会议，大家就小广场选址在 26 号楼与 28 号楼之间

的空地达成一致。施工规划设计由社区协调，打造“便民小广场”产生的费用从为民服务经费划拨。

（四）聚焦民生点滴见初心，提升居民群众幸福感

2017 年 10 月，大家期盼已久的“便民小广场”开始动工，历时 1 个半月小广场竣工。社区旧貌换新颜，建成后的“便民小广场”让百姓幸福感得到了提升。最让百姓贴心的是小广场内安装了便民凉亭 2 座、座椅 6 套、健身器材 15 套、精神文明宣传栏 7 处，随处都能看到设立的温馨提示牌，精致的分类垃圾桶时刻提醒大家“垃圾分类，人人有责”的环保理念。自从“便民小广场”建成，小区变大了、环境变美了、卫生变好了，既美化了社区生活环境，又提供了休闲娱乐场所。

在“便民小广场”能看到居民遛弯、晨练、跳广场舞的欢乐场景，能听到孩子们嬉戏的欢声笑语，能看到老年朋友享受晚年生活的慈祥笑脸。社区定期在广场开展读书会、便民服务、趣味运动会等活动，让广场更好发挥作用。不少居民感叹不已：“这样的暖心工程，真是办到大家伙的心坎上了！”

三、经验启示

居民有需求，社区有回应。无论是积极整合辖区各类资源，还是利用社区自身条件进行微改造，或是利用社区共享空间，都不改变为民服务的宗旨和初心。打造有温度、有人情味、有归属感的社区，是我们共同的责任，推动便民服务工作，打通服务群众“最后一公里”。

| 案例点评 |

该案例选取了社区居民关心的社区服务场地缺少、设施不完善等问题作为协商议题。在社区党组织的领导下，在广泛征求多方意见与合理建议的基础上，通过规范完整的协商流程，充分考虑各方利益后，形成了打造“便民小广场”的共识。

该协商案例从前期调研、中间议事到后期协商，形成了科学合理的工作流程。“便民小广场”建成了，社区环境变美了、卫生条件变好了，居民休闲娱乐的兴致提高了。

设置祭火场地　看重社情民意

兴安盟科尔沁右翼前旗科尔沁镇兴科社区

| 社区简介 |

兴科社区成立于2008年10月，总面积4平方千米，下辖11个住宅小区，入住居民7497户22218人，有蒙古、汉、满、回、朝鲜、鄂温克、达斡尔等7个民族，蒙古族占总人口的61.2%。根据居民需求设置了集办公、娱乐、学习、健身于一体的综合服务场所，占地面积3200平方米，有居民大舞台、棋牌室、乒乓球室、图书阅览室、文明团结超市、老年日照间、和解中心、培训基地、办事大厅、多功能会议室等。社区党委下设4个党支部、8个党小组，直管党员109人。辖区内有机关企事业单位64个，商业网点648家，学校、幼儿园6所（民族学校3所）。

几年来，兴科社区始终坚持以人为本、服务居民的理念，便民服务能力不断增强，群众满意度显著提高。推行了“党建+网格+新时代文明实践”的新型社区治理体制，创新了“两格一支部，一格一小组”新型党建工作模式，开展了“党员奉献日”、“在职党员进社区”、厨艺大赛、线上百家宴等创新型活动。先后荣获全国民族团结进步模范集体、内蒙古自治区绿色社区、内蒙古自治区先进基层党组织等荣誉称号。

| 案例详述 |

一、事件背景

蒙古族崇拜火，视火为生命与兴旺的象征。他们敬火为神，过去蒙古人吃饭前首先要用奶酒敬火；现在则要在每年腊月二十三举行祭火活动。从牧区来的蒙古族居民一直沿袭着腊月二十三祭火的习俗，但是城镇社区没有祭火场地，不能满足他们的这一意愿。据小区其他居民反映，有一户蒙古族居民在自家阳台上祭火，险些发生火灾。这引起了很多居民的不满，并且存在着一定的安全隐患。

二、协商解决过程

1. 议事和解

社区“两委”得知此事后，立即成立了社区协商议事委员会，并组织小区内少数民族居民代表、有威望的老党员、老干部、其他居民代表等20余人，将涉及阳台祭火的居民召集到协商议事委员会，共同就此次祭火险些发生火灾事件进行协商和解，并向其他居民详细解释了阳台祭火的原因，并非恶意为之，祭火是蒙古族同胞的民族文化，会发生阳台祭火事件是因为现在社区还没有具体的祭火场地。议事会成员耐心地向居民们解释，希望反映问题的居民能够谅解，并保证会尽快安排祭火场地，不会再发生此类安全隐患问题。听到议事会成员作出如此保证，反映问题的居民们表示能够理解，不再追究此事，最终达成和解。

2. 走访调查

和解之后，议事会成员根据社区居民居住信息底册，走进小区，挨家挨户对蒙古族居民进行走访调查，与他们进行认真交谈，详细询问关于目前开展祭火活动存在的实际问题，了解到他们对祭火文化的传承具有强烈意愿，并普遍希望能够拥有自己单独的祭火场地，这样更加方便开展祭火活动。议事会成员将居民们提出的各类问题进行收集整理如下：（一）祭火场地设置问题：场地设置在哪里，是否会影响其他居民的正常通行。

（二）祭火活动形式问题：祭火采取何种活动形式，怎样保证活动的安全性。（三）祭火设施配备问题：开展祭火活动所需配套设施，怎样为祭火活动提供保障。（四）祭火活动经费问题：祭火设施费用及活动经费来源问题，由谁来承担这笔费用。

三、协商结果

社区党工委在及时了解居民的意见建议、所想所求后积极牵头，把整理好的问题制定成可行性方案递交给旗民族事务委员会，随后组织成立了科右前旗“祭火协会”，由协会工作人员申请和协调，最后由旗政府出资建成了能容纳几万人的祭火场地，祭火场地就在科右前旗体育馆门前，解决了蒙古族居民祭火难的问题。现在，其他各民族群众也都来参与小年祭火，小年祭火已经成为科右前旗社区各民族群众共同庆祝的节日，在腊月二十三当天各民族同胞身着民族盛装共同祈福新的一年风调雨顺、五谷丰登，祝愿伟大的祖国繁荣昌盛！

四、工作反思

兴科社区通过该协商案例，对社区协商议事工作程序、步骤有了更深的了解，对未来社区如何重视少数民族文化传承和少数民族风俗习惯等问题达成了基本共识，也为今后社区协商工作奠定了坚实的基础。今后会把社区工作重心侧重于协商议事方面，提高广大居民的自我管理、自我服务能力以及社区协商议事参与度，发扬基层民主，广泛听取意见，共同维护良好的社区环境，共同享受社区协商的优秀成果。

| 案例点评 |

该案例选取了社区居民关切的城镇社区没有祭火场地问题作为协商议题。在社区党组织的领导下，在广泛征求和认真梳理多方意见的基础上，通过规范完整的协商流程，形成了能够满足各方诉求的协商结果，即在祭火场地设置、祭火活动形式、祭火设施配备、祭火活动经费等方面形成了共识。

该协商案例具有少数民族城镇社区事务处理的典型性，不仅全面体现了基层民主，还充分尊重了社区居民的民族习俗。经过协商，使社区工作者对未来社区如何重视民族文化传承和风俗习惯等问题上积累了成功经验。

社区搭建平台　居民展示风采

兴安盟科尔沁右翼中旗巴彦呼舒镇罕乌拉社区

| 社区简介 |

罕乌拉社区辖区面积 1.76 平方千米，有居民 4719 户 12508 人，有蒙古、汉、朝鲜、达斡尔、满、回 6 个民族，其中蒙古族人口占 83%以上。

近年来，罕乌拉社区紧紧围绕服务群众、凝聚人心、优化服务、维护稳定的中心任务，以服务居民群众为主线，坚持把议事协商纳入议事日程，畅通议题收集渠道，规范议事规程，持续推进协商民主法制化、制度化、规范化发展，不断巩固党在基层的执政基础和群众基础，确保依法议事、依法办事，工作取得实实在在的成效。罕乌拉社区先后被评为全国妇联基层组织构建示范社区、内蒙古自治区五四红旗团支部、内蒙古自治区模范基层关工委和兴安盟第八次民族团结进步模范集体。

| 案例详述 |

罕乌拉社区所辖阿吉泰小区是科右中旗最大的小区，占地面积大，常住人口多，老年人占总人口的 34%以上。为了解决老年人活动场所及其管理使用问题，社区组织开展了协商。

1. 成立协商委员会

罕乌拉社区选定了阿吉泰小区作为切入点，以社区党支部为首的党员代表、居委会代表、楼栋长、驻辖区单位代表、物业公司代表等 33 人组成了社区协商委员会，专门针对阿吉泰小区内老年人活动场所等问题采用社区协商方式推进工作。

2. 与民沟通、收集民意

由科右中旗社区党工委和社区党支部邀请各方代表，采取民主协商、多方听证等方式，共同商议社区的重大事项。广泛征求群众意见，确保所实施的方案切实可行。特别在老年人活动室问题上，结合“周议事会”广泛收集居民意见。

在会上，大家畅所欲言，纷纷表达自己的意愿。

居民代表海棠阿姨反映说：“天气暖和时，我们还可以在小区院内或是在小广场上锻炼，可现在正值冬季严寒，大家就无处可去。”

肢体四级残疾的倪大爷说：“我们小区老年人有很多，大部分时间儿女不在身边，白天在家也没人和自己说话，感觉很孤独，再加上行动不便走不了太远的路。如果能不出小区，就解决我们的文化娱乐场所问题，那就太好啦!”

辖区老党员张大爷说：“这么大个小区应该有个自己的活动室，何况社区办公地点还在小区里呢，应该把老年活动室这个问题重视起来。”

社区共建单位代表说：“咱们现在活动室就300来平方米，场地面积根本满足不了这么多老人的需求啊!”

物业负责人说：“我们每天打扫小区时也看到居民在外头玩扑克、下棋。马上天冷了，他们在外头玩的时间越来越少了。”

……

3. 拟定方案、紧抓落实

根据“周议事会”讨论结果，社区协商委员会再次开会提出如下解决方案。

一是罕乌拉社区二楼活动中心全天开放。

二是根据老人们的兴趣爱好进行分组，并在其中选出组长，方便管理。

三是各组组长开会商定活动时间，在商定的时间里自由活动，不可随意占用其余组的时间。

四是重新制定活动室规章制度，并严格遵守。

解决方案提出后，社区协商委员会再次邀请各方代表就提出方案进行讨论，得到一致通过。居民代表了解到二楼活动室没有保洁员打扫卫生后表示理解社区工作人员工作的辛苦，主动承担活动室卫生清扫工作。

活动室的开放不仅解决了老年人活动场所问题，还吸纳了多个社团参与，壮大了社区文艺团队队伍，使他们在欢娱中和谐了楼群、邻里的人际关系，让社区居民能有机会参与到社区活动中来，寻找到符合居民自身需求愿望的活动载体，并带动更多的人一起娱乐、休闲。文化是社区的灵魂，丰富多彩、健康向上的文化活动是教育人、培养人的重要载体。现在社区活动室早晨 5：00 至晚上 9：00 开放，聊天、打牌、下棋、拉胡、唱歌、打台球、打乒乓球、打太极、健身运动有条不紊地进行着。冬季，气温不断下降，户外一片冷清，但活动室却是一派热闹的景象，为社区老人们平日的休闲娱乐提供了设备和场所，在这里老伙伴们交流技艺、互话家常，社区活动室俨然成了老人们的另一个家。

| 案例点评 |

该案例选取了社区居民关切的社区老年人业余文化活动场所问题作为协商议题。在社区党组织的领导下，成立了协商委员会，在广泛征求意见与大量征集建议的基础上，通过规范有序的协商流程，充分尊重多方诉求后，形成了问题解决方案。

该协商案例具备规范的协商流程，比较突出的亮点就是成立了以社区党支部为首的党员代表、居委会代表、楼栋长、驻辖区单位代表、物业公司代表等 33 人组成的社区协商委员会。经过协商，社区活动室建成并开放，不仅解决了老年人活动场所问题，还吸纳了多个社团参与，壮大了社区文艺团队队伍，使他们在欢娱中和谐了楼群、邻里的人际关系，让社区居民能有机会参与到社区活动及社区事务中来，寻找到符合居民自身需求与愿望的活动载体。社区的工作有温度，居民的心中有温情，社区事务有人参与，社区活动有序开展，社区协商为共建共治共享的社区治理目标注入了动力与活力。

乌兰社区巷道治理创新实践

兴安盟扎赉特旗音德尔镇乌兰社区

| 社区简介 |

乌兰社区位于音德尔城区西北部，总面积2.1平方千米，辖区住户1840户、人口4617人，有汉、蒙古、朝鲜、满、达斡尔等9个民族，少数民族人口占35%。社区党支部直管党员33人，其中少数民族党员9人。

近年来，乌兰社区按照扎赉特旗社区党工委提出的“一区一品”创建工作思路，全力创建了“民族团结一家亲·打造和谐家园”社区品牌。坚持把民族团结进步教育贯穿于社区工作全过程，广泛宣传“五个认同”“三个离不开”“三个在一起”思想，深入宣传党的民族政策和法律法规，持续促进了民族团结进步理念深入人心。打造了“民族团结一家亲”居民大舞台活动室和文化队伍，广泛开展了“书文明·绘和谐少数民族书画笔会”“新春送万福”“粽香迎端午·民族团结情”等系列活动，有效促进了民族文化的传承和发展，不断增强了各族群众的文化认同感，提升了各族群众的凝聚力、向心力。

| 案例详述 |

扎赉特旗乌兰社区平房较多，巷道均为土路或砂石路，居民群众出行不便的问题引发居民很多诉求。乌兰社区充分运用基层协商民主工作机制，通过社区协商，提高治理能力，解决好居民需求，做到了“民事民提、民事民议、民事民商、民事民评、民事民决”。

一、事件背景

乌兰社区辖区内有土路巷道 76 条，因多年无人修路，导致出行不便，排水不畅。每逢下大雨，地处低洼的位置经常存水，无法排出，不仅损害了居住环境，还影响了居民生活，并有极大的安全隐患。“这路一到雨天，都是水坑，来回走都得穿靴子。我们反映了很多次了，就是没人去管。”居民姜振军说。社区干部也说出了社区的无奈：“不是社区不管，是社区没有经费，要修路得花钱，况且这么多条路，花钱也不是小数。”

二、协商解决过程

乌兰社区成立了基层协商民主理事会，理事会人员基本构成为“7+X”。“7”即七类固定成员，除了社区“两委”干部外，还包括居民代表、人大代表、有一定威望的老同志和社会组织代表、专业人士；“X”即其他利益相关方。2017 年 12 月 25 日，社区“两委”召集了协商会议，乌兰社区平房区的居民代表参加了协商会议。这一次协商会主要讨论如何把这个“修路”的议题提交到旗政府。通过协商，决定由旗人大代表、社区党工委副书记牵头向旗人大常委会提出关于在城区巷道进行道路硬化的建议，旗人大常委会再向旗政府进行统一安排，最后由政府组成部门旗住建局进行具体办理，旗住建局承诺在本年内解决此事。接着，问题又来了，乌兰社区辖区内总共有 76 条路，从旗财政预算的角度考虑不可能在一年内修完。面对这个问题，大家争论不休：“我家门口一下雨冲得都是沟，这次必须先修我家的。”“凭什么你家就不好走了，我家才不好走呢。”“我们家住的那条胡同窄，走车不方便，这次啊我看就得先修我家的”……你一言我一语，都认为自家门前的路是最应该先修的。针对这种情况，社区“两委”干部和居民们进行了多次沟通协商，最终意见趋于统一：先修目前最难走的、环境卫生最脏乱差的爱民巷、富民巷、针织巷等 16 条巷道，剩下的将在下一年进行。

三、协商结果

“社区穷，没有资金，以前对老百姓反映的问题，居委会总是有心无力。现在居民的事自己提、自己议、自己做主、自己办，充分发挥居民的力量，很多困难迎刃而解，老百姓的满意度也提高了。”社区干部说。如今，巷道里的路得到治理，居民的居住环境得以改善。路平坦了、宽敞了，居民的心里也敞亮了。

四、工作反思

通过本社区协商案例，使社区干部及居民群众对社区协商工作的步骤、形式有了更深的了解。居民加大了自治的意识，从而来约束自己和身边的每一个人。在今后的工作中，社区将更加侧重于居民议事协商方面，让每一个人都能感受到“社区是我家、建设靠大家”的理念。

| 案例点评 |

该案例选取了社区居民关切的社区街巷道路硬化问题作为协商议题。在社区党组织的领导下，以“7+X”的基层协商民主理事会为协商议事主体（“7”即七类固定成员，除了社区“两委”干部外，还包括居民代表、人大代表、有一定威望的老同志和社会组织代表、专业人士；“X”即其他利益相关方），在集思广益和民主协商的基础上，畅通协商流程，创新协商形式，聚焦协商结果，在修路方案上形成了共识。

该协商案例中，在先期维修哪几条巷路问题上征集居民意见时充分发扬民主。经过协商，顺利确定了维修道路方案，街巷道路得到治理，居民的居住环境得以改善。总之，协商议事体现了民主性，征求意见注重了广泛性，协商流程遵循了规范性，协商成果具有了可操作性和示范性。

党建引领社区协商
移动的垃圾屋成功“安家”

兴安盟乌兰浩特市爱国街道洮儿河社区

| 社区简介 |

洮儿河社区共有居民 3052 户，以“一员两长”升级版、网格“红管家”志愿服务联队为载体，打造党建引领的基层治理“融合共治联合体”，形成“区域化大党建，网格化微治理”模式，将社区划分成 6 个党建网格、13 个党小组，组建网格“红管家”志愿服务联队，每个网格中配备在职党员、网格员、社区工作者、单元长、志愿者等，目前共配备网格服务成员 245 名，形成“社区党组织+楼栋党小组+党员家庭户+网格员+楼栋长+单元长”服务网络，同时打造“红色物业”，建立了居民议事厅、小区说事点，组建道德评审团、法务智囊团，构建起横到边纵到底的全覆盖志愿服务体系，实现了“人在格中走，事在格中办，情在格中建”的工作效果，构建了“党建引领基层社会治理，社会治理服务居民群众，群众受益促进社会和谐”的良好局面。

| 案例详述 |

治国安邦重在基层。基层是一切工作的出发点和落脚点，社会治理的重心在城乡社区。洮儿河社区以党建为引领，坚持“抓党建促市民素质提升、抓治理让群众更有安全感、抓服务让居民更有幸福感”，建立了“1+

2+X”协商共同体机制，由党组织牵头，居委会、“一员两长”、居民代表、职能部门、人大代表、业主委员会等组成，专门化解涉及社区治理的难题，充分发挥着社情民意调研员、矛盾纠纷化解员、政策法规宣传员、民主制度监督员、惠民便民服务员的作用，努力做到家事不出楼院，小事不出网格，难事不出社区，大事不出街道，营造和谐友爱的社区氛围。近日，社区新增添的30余个垃圾屋总是随意被人移动，在协商共同体机制协调下成功“安家”。

一、移动垃圾屋成功“安家”背景

洮儿河社区地处偏僻，平房区占社区面积一半以上，外来人口多，多为租房户，因此居民的需求更加多元化。其中胡同内垃圾随意倾倒问题尤为突出，为切实解决好涉及群众关心的热点和难点问题，社区党总支多次研究，在平房区的每条胡同内间隔100米处放一个垃圾屋，但投放后垃圾屋总是被移动，给很多居民和环卫工人清理造成了麻烦。面对这一问题，社区听取了多方意见和建议，建立社区治理“1+2+X”协商共同体机制，由社区党组织牵头，居委会、“一员两长”、居民代表参与，并邀请上级职能部门、人大代表等，共同协商解决了垃圾屋被移动的问题。

二、垃圾屋被移动的主要原因

平房区内居住的居民大致分为两类，一类是在平房区居住了几十年的老户，多为老年人；另一类为外来租房户，租期短，流动性大。垃圾屋不能在固定的地方长时间“居住”，经调查，原因有两个，一个是有的居民为了方便自己倾倒垃圾，将垃圾屋移动到自家附近；另一个原因是有的居民不想让垃圾屋离自己家太近，异味大、环境差，影响生活。

三、协商解决过程及结果

在详细了解以上情况后，社区“两委”召开了联席会议，多方听取群众的意见，研判问题，实地查看，最终决定开展“1+2+X”协商共同体进行社区协商。

党总支召集各党支部书记、居委会、人大代表、党员代表、居民代表、胡同长、网格员、上级卫生部门30余人召开协商会议，进行讨论协商来解决这个问题，并邀请卫生部门专业人员，采取集中讲座、入户宣传的方式讲解随意倾倒垃圾的危害，包括对环境、人体、空气、土壤等方面，让居民认识到正确处理生活垃圾的重要性。召集“1+2+X”共同体经过几次讨论，最终协商出三种处理方式：一是党员带头示范，即平房区居民党员带头认领垃圾屋，主动要求将垃圾屋放到自家门前，对垃圾屋进行管理维护；二是按照未设垃圾屋时倾倒点放置，即由于长时间的生活方式，大家习惯了在原有的位置倾倒，而且原有的垃圾点的存在，未产生群众的反对声，为了便于居民使用，秉持适用为主为原则，在原有的垃圾点给垃圾屋“安家”；三是打破固定距离限制，即参与讨论人员，实地查看没有“安家”的垃圾屋，结合居民居住人口密度、流动性等诸多因素，现场选位置，确定位置后，对周围的居民户进行征求意见。经过大家的共同努力，特别是群众的支持、居民的理解，给社区内的30个垃圾屋成功“安家”。

四、工作反思

通过对本社区协商案例的深刻经验总结和深入思考做法，认为基层社区治理要以党建为引领，广泛听取群众的意见，尊重居民的意愿，充分调动各类群体的参与，达到“多元参与、协商共治”的目标，发挥社区居民的聪明才智在社区协商民主中的作用，解决了群众小事例折射出的基层社区治理大问题，促进社区居民幸福指数的显著提升，为社会稳定和长治久安奠定了坚实的基础。

| 案例点评 |

该案例选取了社区居民关注的垃圾屋被移动问题作为协商议题。在社区党组织的领导下，在多次实地调研、广泛征求意见、反复民主协商的基础上，建立了社区治理“1+2+X”协商共同体机制，由党组织牵头，居委会、“一员两长”、居民代表参与，并邀请上级职能部门、人大代表等开展共同协商，提出解决垃圾屋被移动的三种处理方式，充分调动了各类群体的参与，达到“多元参与、协商共治”的目标，最终形成了给垃圾屋“安家”的共识。

搭建社区协商共享平台，完善民主协商体制机制，明确协商议题，突出协商主题，规范协商流程，做实协商成果，才能通过社区协商推进社区治理，实现又好又快的社区建设与发展。

规范开放社区活动室
有序养成居民健身观

通辽市科尔沁区铁路街道民主桥社区

| 社区简介 |

民主桥社区辖区面积 0.8 平方千米，现有居民 2753 户、6011 人。下设 1 个党支部，直管党员 41 名，有志愿者 735 名。所辖企事业单位 6 家，个体商户 32 家。社区设一站式服务大厅、党员之家、议事厅、多功能会议室、心理咨询室、调解室、棋牌室、舞蹈室等功能室。通过开展社区协商活动，丰富了居民思想，占领了文化阵地。

近年来，社区坚持以党建为龙头，以服务为重点，以打造“平安和谐温馨型幸福社区”为目标，不断拓展服务领域，提升服务档次。在上级部门的关心支持下，依托“幸福社区”建设改善社区办公服务场所达 1100 平方米，满足了社区活动和服务居民的多种需要。

| 案例详述 |

一、基本情况

党的十九届四中全会提出完善党委领导、政府负责、民主协商、社会协同、公众参与、法治保障、科技支撑的社会治理体系，建设人人有责、人人尽责、人人享有的社会治理共同体，这是重大制度创新，是党的十九届四中全会的一个突出亮点。为切实解决好涉及群众关心的热点和难点问题，由民主桥社区党支部牵头，居委会、物业企业、小区业委会、居民小组长参与，邀请上级职能部门法律顾问等，植入社区各类社会组织和志愿者服务组织，推进社会各界强化社区治理创新，提升社区治理社会化、法治化、智能化、专业化水平，全力打造共建共治共享的社区协商新格局。

二、主要事由

随着社区硬件设施的不断完善，居民的活动场所及活动方式均得到了有效改善，辖区新九栋小区活动室还配备了棋牌室和专业的舞蹈室，供居民棋牌娱乐及舞蹈健身，以丰富居民的文体生活。但随着时间的推移，一些问题逐渐浮现出来。由于居民练习舞蹈时需要播放音乐，且时间较长，产生的噪声影响了周围居民的正常生活。另外，由于常在棋牌室和舞蹈室活动的居民多数为已退休的老年人，且活动室距离社区居委会距离较远，存在一定的监管隐患。

三、协商解决过程

居民练习舞蹈时播放音乐，噪声影响了周围居民的日常生活，附近居民纷纷到社区反映问题，引起社区的高度重视。社区立即组织召开内部会议，就该问题进行专题研讨，会议一致决定，由社区牵头，召开居民协商会议，参会的对象为社区负责人、活动室负责人、活动小组组长、居民小组组长、附近居民代表、党员代表等，共同讨论存在的问题和解决的方案。

社区牵头，按照有关要求，组织召开了居民协商会议。

首先，附近居民提出活动室存在的问题：一是舞蹈室活动时间不固定且时间过长；二是参加活动人员多、播放音乐声音过大。

其次，活动室负责人、经常参加活动的小组代表进行解释说明：由于活动人员大部分是退休职工，他们料理好家务后以放松身心为目的进行活动，所以时间不固定；因为有跳民族舞、水兵舞、现代舞、交谊舞等不同类别人员聚集在一起，导致人员多，声响过大。

再次，由居民小组组长、附近居民代表、党员代表共同讨论解决办法：一是对参加活动人员进行分流，四支舞蹈队两两一组，自行安排时间进行上下午分时段活动以减轻人员多造成的扰民；二是规定活动室开放时间并进行严格管理，中午休息及敏感时间段自觉暂停活动；三是练习舞蹈播放音乐声音不宜过大，以免影响附近居民休息。

最后，社区工作人员总结发言，就商讨出的解决方案达成共识。经常参加活动的小组代表表示，能够理解附近居民反映的问题，并且以后会注意适当调小播放音量并为以前对附近居民造成的困扰表示抱歉。附近居民表示理解，参加活动室活动的居民，一是为了锻炼身体，二是为了丰富晚年生活。适当的活动有助于身心健康，也活跃了业余生活。经过协商，多方代表坐在一起，在目标一致、相互理解、相互支持的基础上，探讨商议，愿意共同为本小区群众创造一个良好的生活和娱乐环境。

四、协商结果

经多方商议决定，活动室开放时间为每日上午 8:30 至 11:30，下午 14:30 至 17:30，同时段在舞蹈室跳舞的人数不得超过 20 人，且必须是本社区居民，音响音量规定在正常分贝以内。另外，对跳舞人员进行分散疏导，不同的舞蹈群体分时段使用。此外，在每年中高考等重要时间节点上，一律停止跳舞活动，保障备考学生有一个安静的生活环境和学习休息时间。经过协商，社区居委会指派专人开放管理活动室，参加活动人员按照协商约定执行，社区还从群众中挑选威望高、公道正派的党员代表和居民代表组建了巡查队，对活动室的使用是否扰民进行不定时抽查，如违反以上约定，进行关门整顿，大家一致表示同意。社区在该小区内对此次协商会议结果进行了公示公告，公布了举报地点和举报方式，以接受全体小区居民监督。

街道办事处给予了大力支持，为活动室安装了多个无死角监控探头，有效提高了活动室的监管力度。这次开展的社区协商满足了小区群众的实际需求，解决了群众生活的实际矛盾，为建设一个和谐的美好家园打下了坚实基础。

这是一个社区协商的个案，但涉及的面广，涉及的群体多，社会关注度很高。这次社区协商得到了大部分群众的支持，切实解决了群众的现实需求。这是一次成功的实践，关键是社区党组织在社区治理过程中发挥了牵头引领的作用，不回避矛盾，广泛听取意见和建议，充分尊重群众意愿，多方主体共同参与，切实把社区协商落到实处，让广大居民自我管理、自我服务，共同创造和谐美好的生活家园，共同维护优良的生活环境，共同享受社区协商的积极成果。

| 案例点评 |

该案例选取了社区居民关心的活动室噪声影响居民生活问题作为协商议题。在社区党组织的领导下，基于广泛征求意见和耐心细致工作，做到了协商议题集中、协商主题突出、协商流程规范、协商结果落地等，即由社区牵头，召开居民协商会议，参会的对象为社区负责人、活动室负责人、活动小组组长、居民小组组长、附近居民代表、党员代表，共同讨论存在的问题和议定解决的方案，形成了规定时段分流使用活动室，并降低使用分贝的共识，且通过组建巡查队和居民监督等方式，监督协商成果的落实情况，获得了居民的广泛认可与大力支持。

社区协商是访社情、集民意、聚民心和解民忧的有效举措，它可以调动社区居民参与社区事务，盘活社区资源，解决社区矛盾，和睦社区关系，积淀社区文化等，为构建和谐、平安、幸福社区创造有利条件和打下坚实基础。

激发内生动力　提高居民收益

通辽市科尔沁区红星街道大刘屯社区

| 社区简介 |

大刘屯社区是典型的“城中村”，原有村民 410 户、1013 人。2006 年，由村改制为社区，现有居民 1127 户、3695 人。社区党支部现有党员 65 名。

依托 3200 平方米的社区综合服务中心，打造有一站式居民服务大厅、党员活动中心、健身活动场所等，均向居民免费开放；居民新型农村合作医疗保险金由社区集体资金统一上缴；社区居民的子女考上大学每位学生当年奖励 5000 元；社区为女 55 周岁、男 60 周岁以上老年人每月发放生活补助 500 元。在系列惠民政策和便民服务支持下，居民幸福指数不断提升。

大刘屯社区于 2007 年成立房地产开发有限公司，对辖区进行自主开发建设，“城中村”改造项目“村和新居花园小区”于 2010 年 6 月 1 日交付使用，建筑面积 13 万余平方米，是 2009 年科尔沁区高标准城乡一体化示范村，由红星街道重点打造。通过房地产开发，村集体经济得到壮大，社区通过积累固定资产，创新管理方式，实现集体经济快速增长。2013 年，大刘屯社区率先将集体资产股权量化，为原有大刘屯村民发放股民证，定期向股民公开集体资产收益，发放股权分红，现有股民 1013 人，股民证制度明晰了集体资产所有权，使集体资产规范化管理，原有村民的利益得到保障。截至 2019 年 12 月，累计为居民发放股民分红 2000 余万元，居民收益不断增加，大刘屯社区在农业经济向非农业经济迈进过程中，通过高效、民主的管理方式，解决了失地农民的居住、养老、医疗、就业及业余文化生活等实际问题，提供了细致入微的服务，改善了农民的生活质量。

| 案例详述 |

一、基本情况

多年以来，大刘屯社区一直坚持把社区协商制度落到实处，通过对该制度的执行，使得大刘屯社区蓬勃发展。在大刘屯社区，凡是涉及公共事业、公益事业，以及村民反映强烈、亟待解决的问题和矛盾，需要在社区落实的党和政府重点工作部署和工作任务，都由村党支部和村委会牵头组织党员代表或居民代表参与协商，广泛征求意见，充分发挥社区民主协商作用，形成一致意见，共同办理。

二、主要事由

前几年，大刘屯村村民收入较低，居住在三四十平方米的平房里，冬寒冷，夏炎热，环境脏乱差，是当时远近闻名的垃圾堆成山的村子。这些情况，“两委”班子看在眼里，急在心上。

三、协商解决过程

随着“城中村”改革步伐的加快，大刘屯社区地理位置的优越性逐渐凸显出来。在上级部门的领导下，大刘屯社区“两委”班子及时召开党员和村民代表大会，研究新形势下大刘屯社区的发展方向，决定要广开门路，招商引资，实践证明这一发展思路符合大刘屯现有的形势和未来的趋势。大刘屯村村民在个人收入得到快速增长的同时，集体经济也得到了前所未有的壮大。在坚持立足社区的实际情况、改善社区居住环境目标的引领下，大刘屯社区“两委”于2008年初经过请示上级部门并召开全体党员和居民代表大会研究决定成立“村和房地产开发公司”，启动了“村和新居”小区项目。在街道党工委的支持与帮助下，经过社区的不懈努力，小区于2010年6月1日交付使用，农民喜迁新居，统一的居住环境，完备的硬件配套设施，全方位的居民便民服务场所，为社区整体水平的提高迈上了一个新阶。随着小区的入住，新的问题又产生了：通过开发，集体留存了一些固定资产——临街营业房。

如何使这些营业房产生最大收益，这一问题摆在了大刘屯社区“两委”班子面前。经过大家研究，召开了社区党员和居民代表大会，集思广益。为了让这些营业房出租收益能公平化、公开化、管理民主化，社区党员及居民代表大会一致通过在党员代表中选举产生由5人组成的房屋出租领导小组，负责广泛听取民意后协商解决这些商品房的出租及收益。

集体还有一处5000平方米的临街房，由于地理位置较偏，闲置一年有余。但为了盘活集体资金，党支部积极向上级请示汇报、与各个企业沟通协调，多次组织召开社区党员代表会，研究解决办法，最后一致通过引进全国连锁——如家酒店进驻社区，目前该酒店已正式营业，运营良好，效益不错。

四、协商结果

如家酒店的引进，壮大了集体收入，安排了大量的再就业人员；居民增加了收入，又学到了许多经营方面的知识，乃一举多得的举措。用同样的办法，小区里一处1400多平方米的幼儿园引进了全国连锁——北京清华双语幼儿园，既为社区居民下一代启蒙教育注入新鲜血液，也增加了集体的收益。

社区根据实际经济状况，为促进社区和谐健康发展，经党支部、居委会研究，并召开党员及居民代表大会研究决定，又相继出台了一些惠民政策。如凡是回迁“村和新居”的原大刘屯居民，购房均可享受每平方米低于市场价300元的优惠价，每人还享有免费赠送5平方米的优惠待遇，为居民免费安装太阳能、燃气管道等，由集体负责上缴居民新型农村合作医疗保险金，社区居民的子女考上大学每位学生奖励5000元，男60周岁、女55周岁以上的老年人每人每月发放500元的生活补助金。这些惠民措施的推出，得到了广大居民的一致认同，促进了大刘屯社区和谐健康发展。

为了维护社区的平安稳定，保护居民安居乐业的良好局面，党支部处处急居民之所急，想居民之所想，对于群众的想法从不等闲视之，无论群众的大事小事都拿到党员和居民代表大会上，让大家想办法，出点子，把矛盾都解决在社区、解决在萌芽之中。居民搬迁后，社区党支部考虑到居民的精神生活和文化生活比较匮乏，于是建立了党员活动室和社区健身活动中心、门球场、图书室等文化娱乐场所，并全部对居民无偿开放。100多平方米的多功能综合办事大厅，4 名社区工作人员、2 名下派协管员全方位地服务社区百姓。“城中村”改造后，失地无业农民增加，这又向社区服务提出了更高标准的要求。为了缓解就业压力，社区“两委”及时组织召开了居民代表大会，经过讨论，成立“新宇物业服务有限公司”的提议获得了一致通过，在为居民生活提供良好环境的基础上，还在保安、保洁、维修、绿化工作上安排了部分失地、失业农民的再就业，大大缓解了就业压力，并对小区和谐稳定、安居乐业起到了极大的作用。

大刘屯村村民和现有社区居民同住一小区后，村民身份变成了居民，社区为了适应时代脚步，统一管理好小区，把原有村民身份又增加了一项——股民。2011 年末为 1013 人办理了股民证，让他们每人享有大刘屯社区集体经济和集体资产的一份股权，根据集体的收入每位股民每年都能得到分红，这既有利于老百姓参政议政，也便于老百姓对社区工作的监督检查，增强了社区工作人员和群众之间的信任。2019 年底，大刘屯社区商网出租及如家酒店的全部收益，也用于股民的分红。社区协商制度保证了社区居民代表民主权利的发挥，为社区今后的工作重点指明了方向。在今后的工作中，社区将更加自觉地将社区协商贯穿于工作的每一个环节，全面推动社区各项工作的开展，将社区治理得更宜居。

| 案例点评 |

该案例选取了社区居民关心的提高居民收入、改善生活条件和满足发展愿望的问题作为协商议题。在社区党组织的领导下，结合“村改居”实际情况，全面征求居民意见和建议，通过严格的协商流程，利用大刘屯社区优越的地理位置招商引资，成立村和房地产开发公司，启动了“村和新居”小区项目，居民乔迁新居，从而改善了居民环境。经过反复协商，将集体临街房资源利用起来，引进连锁酒店、幼儿园，增加了集体收益和居民收入，安排了大量的再就业人员，又学到了许多经营方面的知识。依托居民共识，出台了一些惠民政策，得到了广大居民的一致认同，促进了大刘屯社区和谐健康发展。

该协商案例体现出随着经济社会发展，社区化进程加快，社区协商在社区治理与服务、社区建设与发展过程中越加必要和重要。

消除噪声　安居乐业

通辽市开鲁县开鲁街道新城社区

| 社区简介 |

新城社区成立于2015年4月，位于开鲁新城区，辖区面积4平方千米，居民3190户、7850人，共划分为10个网格，有工作人员20名，驻区单位15家。

根据辖区居住人口性质和小区建设水平情况，结合全县打造“生态宜居城市”的目标，以“我的社区我的家”为整体理念，坚持以党建工作为统领，以服务居民为核心，以“创先争优在行动、服务群众我先行”为宗旨，以“阳光帮扶”为主线，以共驻共建为抓手，创建了“六园一站”式特色城市基层党建服务品牌，通过“六园”特色工作模式的不断完善与落实，辖区居住环境不断美化，人口入住率持续提高，居民幸福指数逐步提升，真正把新城社区创建成居民安心舒心的“幸福驿站”，让社区成为居民温馨、和谐、幸福的“家”。

社区充分发挥联合党委作用，构建“干部现场办公+点亮微心愿+议事协商会”的共驻共建工作模式，发挥“党旗红”党员志愿服务队、“辣妹子”巾帼志愿服务队、“春蕾”青少年志愿服务队、“同城伙伴”爱心志愿服务队四支队伍的作用，通过认领“微心愿”、做“随手公益”、“党员一对一”结对帮扶、“一次不让跑、有事社区说”等活动，积极开展真心助残、爱心解困、孝心敬老等救助活动，把为民服务落到实处。

新城社区通过党建引领基层网格化治理，结合“不忘初心、牢记使命”主题教育，整体推进社区各项工作见实效。社区党委先后荣获国家级“书香社区”、自治区示范“学习讲堂”、通辽市“社区党建工作示范点”“文明社区”“最佳志愿服务项目”等荣誉称号。

| 案例详述 |

近年来，新城社区深入推进街道社区“433”服务法，按照“四进访民情、五步促协商”（四进即领导干部、党员代表、驻辖区包联单位和在职党员进社区；五步即选题定事、调研明事、协商议事、结果公示、监督执行）的工作机制，畅通议题收集渠道，规范议事规程，推进协商民主法制化、制度化、规范化，巩固党在基层的执政基础和群众基础，确保依法议事、依法办事。

一、主要事由

2019 年 11 月 15 日，通过“12345”热线接到居民反映玉龙公馆小区的供热循环泵噪声扰民问题，社区第一时间实地了解情况，然后联系了供热办，经核实，循环泵确实存在噪声大和管道共振现象。

二、协商过程

社区召集供热办、小区物业等相关部门召开议事协商会，商议解决办法。由社区党委书记主持，驻辖区单位领导、社区党委代表、社区居委会代表、居民代表、物业公司代表、有威望的老党员、辖区志愿者 7 类人员和其他相关人员及专业人士参与。居民代表将小区存在的问题提出、专业人士通过前期现场查看确定造成噪声的原因，会上各抒己见，最后通过协商，确定由供热企业将原有循环泵进行更换和调整，事后通过网格员入户回访确定事项办理结果，并由此次参加会议的小区党员代表和志愿者对办理情况进行监督。

三、协商结果

协商会后，供热企业将原有循环泵进行了更换和调整，噪声比原来已经明显减小。第一次监督后，发现仍有噪声，虽然变小，但是未达到居民一致满意。故此，11 月 22 日，社区再次召集相关部门进行协商，通过讨论和研究，再加装减震喉，这样就更大限度地降低噪声和共振现象。通过两次的更换和加装设备，再对居民进行回访，居民反映，现在供热循环泵产生的声音已经不影响居民正常休息，居民非常满意，做到了议题大家定、结果共监督。

新城社区以“开放、包容、创新、厚德”的文化为引领，以“多元参与、协商共治”为目标，充分发挥社区每个居民的聪明才智，发挥民主协商在社会治理上的作用，促进社区居民的幸福指数显著提升，为社会稳定和长治久安奠定了坚实的群众基础。

| 案例点评 |

该案例选取了社区居民关心的玉龙公馆小区的供热循环泵噪声扰民问题作为协商议题。在社区党组织的领导下，各利益方群策群力，深入推进街道社区“433”服务法，按照“四进访民情、五步促协商”（四进即领导干部、党员代表、驻辖区包联单位和在职党员进社区；五步即选题定事、调研明事、协商议事、结果公示、监督执行）的工作机制，通过社区两次召集利益相关方进行协商，在供热企业将原有循环泵进行了更换和调整的基础上，再加装减震喉，较大限度地降低噪声和共振现象。降低噪声，不再影响居民正常生活，经回访，居民表示满意。社区还安排了党员代表、志愿者对协商成果的落实进行监督，协商过程完整，重点落在“协商成果是否落实、居民是否满意”，使协商实现了其根本目的。

社区协商的本义，在于议题大家定、结果共分享。居民生活的真义，在于宜居的环境、惠民的服务。社区工作的含义，在于以人为本、为民解忧。

排除隐患　其乐融融

通辽市奈曼旗大沁他拉街道阳光社区

| 社区简介 |

阳光社区成立于2013年9月，辖区1.57平方千米，有居民1737户、2836人，驻辖区机关、企事业单位、个体工商户230余家。社区有党员107名（其中直管党员43名，协管党员64名），下设两个党支部。社区以100户左右为标准共划分14个网格，每个网格配备一名网格员，积极推进党建引领社区网格化治理，把“大网格”划分成“小网格”，把支部建在网格上，把党建触角延伸到每个网格中，通过对现有社区服务力量进行整合，形成多种服务力量共同为网格内居民提供“零距离”“精细化”服务的新格局。

一直以来，阳光社区秉承“民困必解、民需必帮、民求必应”的服务宗旨，以构建和谐邻里关系为目标，提升居民文明素质和社会文明程度。按照“一社区一特色”的工作要求，结合辖区内困难群体相对集中的现状，阳光社区以密切党群关系为纽带，以服务群众、为民办实事为重点，以创建文明、和谐、平安社区为主题，提高社区党组织的创造力和凝聚力，以创建“温馨关爱型社区”为服务品牌，以人为本，为居民提供优质、方便、规范的服务。依托党员志愿者服务队、巾帼志愿者服务队、青年志愿者服务队等5支志愿服务队，深入开展送温暖、送知识、送服务等“阳光八送”活动。把居民就业创业作为一项特色亮点工作，帮助失业待业人员自主就业、创业，寻找就业渠道，从根本上脱离贫困，提升幸福指数。

| 案例详述 |

阳光社区是一个贫困群体相对集中的社区。近年来，阳光社区以社区协商制度为抓手，创新协商内容和形式，积极维护人民群众的切身利益，提高社会治理科学化和民主化水平。

一、主要事由

阳光小区是奈曼旗第三期廉租保障房小区，居民多为享受城乡最低生活保障待遇的家庭，是典型的老弱病残人员集中小区。小区因长期没有值班门卫，小区内安全隐患较多，居民生活缺乏安全感。隐患一：夜间没有巡逻值班门卫，外来车辆、人员进入小区畅通无阻，小区偶有失窃情况发生。隐患二：群众生活水平不高，出行大多为电动车，居民私拉电线情况较多，充电时存在很多消防隐患。小区居民将居住隐患问题多次反映到居委会，为了从根本上杜绝隐患，社区召开“两委”会，决定将居民关心的问题纳入社区协商会议一并解决。

二、协商解决过程

协商议题确定后，社区将申请上报大沁他拉街道党工委，确定会议时间和参会人员，并邀请街道领导列席会议。本次议题主要涉及的协商主体是物业公司、业主委员会、部分居民代表。就阳光小区自建成后就没有门卫的问题，业主委员会已提交多次申请，并多次与物业公司就此事进行协商，虽与物业公司签订的合同中有该项条款约束，但由于种种原因迟迟不能落实到位。会上，居民代表和业主委员会提出实际问题和诉求，三方就聘请门卫的方式、费用支出、上岗时间等讨论研究，以及小区门卫的作用发挥，利弊分析，社区“两委”适度协调，最终商定由物业公司从现有物业人员中抽调安排，薪资标准自行商定。就如何解决居民充电隐患的问题，经商定：由大沁他拉街道出资，聘请资质齐全的专业公司在阳光小区现有的10处公共车棚安装智能电动车充电桩，由业主委员会负责劝阻居民切断私拉电源。街道、社区、业主委员会、党员和居民代表成立监督组负责对协商结果的落实情况进行监督和反馈，并于下次会议上对办理情况给出反馈意见和满意度测评。

三、协商结果

协商会后，物业公司和街道工委分别对协商结果进行了落实，阳光小区告别了没有门卫的日子，小区居民的安全从“入口”有了一道保障。智能充电桩全部安装完毕，居民也切断了墙上横七竖八的私拉电线。街道、社区、业主委员会、党员和居民代表成立验收组，对充电桩进行逐一逐项验收试用，验收合格后正式投入使用。充电桩极大地方便了居民，更从根本上消除了消防安全隐患，保障了居民生命财产安全，真正实现了把社区协商落到实处，居民共享社区协商成果。

| 案例点评 |

该案例选取了社区居民关心的居住隐患和出行安全问题作为协商议题。在社区党组织的领导下，物业公司、业主委员会、部分居民代表作为协商主体参与协商，共同维护社区环境，携手创建平安社区。在整个协商过程中，多方都能够积极主动参与到协商中来，把问题摆在桌面上，把诉求置于协商中，把工作放在阳光下，通过规范完整的协商流程，形成了保障居民生命财产安全的共识。成立监督组，负责日后对协商结果的落实情况进行监督与反馈，切实保障了居民居住环境的基本安全。

社区协商是反映和解决问题的平台，是加强和完善社区治理与服务的机制，是构建和谐社区和美好家园的途径，因此是否进行社区协商、社区协商什么、怎样开展社区协商、社区协商结果如何等，是基层社会治理体系和治理能力现代化的风向和指标。

提高水压　居民供水不再难

通辽市霍林郭勒市宝日呼吉尔街道红石社区

| 社区简介 |

红石社区位于霍林郭勒市郊，成立于1989年，面积4平方千米，总人口3017户、8609人。社区根据“五化协同、大抓基层”工作要求完善网格管理，把辖区分为12个网格。社区特点呈现出“四高一低”：小区分布密度高、老年人口基数高、流动人口占比高、少数民族群体总量高，居民平均收入比例低。红石社区党支部严格按照“五个三”发展模式为总抓手，以“创建最强党支部”为目标，探索出“一个核心、两大模式、三大平台、三个争创、五大机制”为主要内容的“12335”工作法。

一个核心统全局：红石社区按照“党建引领、社区共治”的工作思路，通过“点上抓党建工作、线上抓社会治理、面上抓群众服务”的“融合党建”工作模式，使党员在“急、难、险、重”工作中当先锋、打头阵。

两大模式聚民心：“支部+网格管理”育党员心，“支部+四社联动”暖居民心。

三大平台重服务：打造综合服务平台，推进基层“法治”建设，推进基层“自治”建设。通过“争议、动议、评议、群议、决议”5个环节，将问题化解在萌芽状态。打造志愿服务平台，推进基层“德治”建设。创建“十助两康”服务平台，提升老人和青少年的幸福指数，缓解中青年养老抚幼的生活压力。

三个争创促引领：通过争创“最强党支部”“模范党支部”“品牌党支部”，提升支部建设水平，发挥党建核心引领作用。

五大机制强保障：通过联席会议机制、服务资源共享机制、服务队伍联建机制、服务项目联动机制、奖励激励机制五项机制，保障社区“党建融合”和“精准服务”工作稳固推行。

| 案例详述 |

本着协商民主、维护群众利益和社区安定团结的原则，红石社区通过培育和发展群贤商事会，吸纳热心服务本社区各项建设的“群贤”，搭建社区群贤商事平台，协商解决社区治理与服务问题。

一、了解基本情况，确定议题

华龙新城小区是红石社区管辖小区之一，近期华龙新城小区四期12栋楼房5楼、6楼居民饭点无法正常使用自来水，希望尽快得到处理。问题通过居民代表很快反映到社区居委会，社区居委会得到居民诉求后，第一时间派网格员联合小区物业下户了解具体问题，经了解确实存在居民反映的问题，给小区居民生活带来很大不便，立即决定通过“群贤”家园议事会协商来解决居民饭点用水问题。

二、议事协商，形成解决方案

确定议题后，居委会组织“群贤”家园成员（物业公司、居民代表、党员代表、社区“两委”班子成员、个体工商户代表、企事业单位代表）近40人召开议事会议，专门围绕居民们反映的关于四期12栋楼房5楼、6楼居民饭点吃不上水问题进行议事。通过“五环工作法”（争议—动议—评议—群议—决议）制订解决方案：争议——居民诉求四期居住楼层高，居民自来水无法正常使用。动议——经网格员联合物业公司前期了解基本情况，居民反映的问题主要原因是水压问题，用水量较大时水压不足，无法供应高楼层居民的用水需求。“群贤”联席会上，议事成员认为该问题应由小区物业公司和自来水公司共同作出一套具体能解决问题的方案。自来水公司员工上门检测后得出结果：供水不足是因为管道细、水压低造成，应由开发商负责维修，与水源自来水公司无关。再议——社区将自来水公司、华龙新城开发商纳入“群贤”议事协商会召开第二次会议，经过协商决定，华龙新城开发商建一个自来水泵站，提升水压，解决居民供水困难问题，选址可在22号楼南侧。群议——水泵初步选址后，需征求22号楼居民意见，居民普遍表示水泵站属于高压增压泵，离居民楼太近，会影响居民休息，不同意选址位置。居委会针对选址问题召集第三次会议，将22号楼楼栋长和居民代表纳入“群贤”议事会中，会上社区“两委”班子成员对居民逐一做思想工作，仍有3户居民不同意。为充分尊重居民意见和提高居民满意度，最后经开发商代表让步，同意将水泵站选址在离居民区较远的华龙五期空场地。

三、抓好整改落实，问题圆满解决

决议——经社区协商协调，由华龙新城开发商新建增压泵站解决华龙新城小区四期12栋楼房5楼、6楼居民吃水难问题作为最后协商决议，形成会议记录。社区组建“保障民生生活”维权监督队进行后期监督，并随时公布进度情况。会后，施工方在2天之内完成了建设临时水泵工程，计划开春建设大型增压水泵，确保周边居民不再受用水困扰。“群贤”联席会的“五环”工作法，社区建设逐步从“替民当家”向“让民做主”，从“大包大揽”向“共同参与”转变，真正做到大事小事群众说了算，社区协商已逐步走上正轨。

| 案例点评 |

该案例选取了社区居民关注的自来水水压低导致居民供水难问题作为协商议题。在社区党组织的领导和社区居委会的组织下，社区中“群贤”成员积极响应号召，通过“五环工作法”（争议—动议—评议—群议—决议）制订解决方案，使协商过程及处理结果具有规范性、针对性和实效性。在协商中，前期广泛征求多方意见是基础，中期深入开展各方协商是关键，后期持续进行监督反馈是保障。

该协商案例中，自来水水压低造成居民供水难问题，映射出开发商、物业公司、社区党组织和居委会、社区居民的法治观念、德治理念和自治意识，只有做到多方协商、“三治融合”，才能创新社区治理与服务体制机制，才能创造和谐、平安、幸福的社会环境和美好家园。

聚焦社区协商议题，抓实社区协商主题，规范社区协商流程，落实社区协商结果，营造社区协商氛围，积累社区协商经验，示范社区协商模式，才能推进社区治理的纵深发展，才能创造基层社会的美好前景。

社区协商绘就老旧社区“幸福画卷”

赤峰市红山区长青街道

| 社区简介 |

长青街道办事处成立于1999年，下辖四个社区居委会，位于红山区老城区中心区，具有“面积小、人口密度大、老旧楼房及老年人口相对较多”的特点。

| 案例详述 |

在推进社区协商工作中，长青街道以党建工作为引领，以建设文明、宜居、和谐街道为目标，按照“民有所需，我有所应”的工作要求，通过平台建设、规范机制、创新形式、注重实效四项工作举措，努力提升社区自治能力和服务水平，引领居民有序参与社区建设，取得了明显成效。

一、注重党建引领，推进社区协商平台建设

社区党组织和全体党员是社区建设的中坚力量，也是参与社区协商不可或缺的重要力量。为了发挥好社区党组织、社区党员的引领作用，社区积极推进社区大党委建设，通过建立党建联席会议制度，定期组织召开大党委成员单位、物业服务企业及社区社会组织负责人参加的议事协商会议，交流工作经验，研究社区重大事项，共同参与社区建设，初步建立了由社区党委领导，社区居委会主导，物业服务企业、社区社会组织、辖区单位和社区居民广泛参与的协商议事工作格局。另外，为了发挥好党员的模范带头作用，社区还构建了“社区党委—网格党支部—楼栋党小组—党员中心户”的组织体系，实现“民情信息收集在楼院、小事矛盾化解在网格、大事处理在社区、难事解决在街道”，形成了“有事情党组织先商议，有困难党员冲在前”的良好局面。近年来，“老高交通服务队”“红袖标巡逻队”“百姓宣讲团”“娘家人调解室”等16支党员志愿服务组织常年活跃在群众中间，实现了党员参与社区建设常态化，彰显着党员志愿服务的“品牌力量”。

二、建立协商机制，实现协商议事规范化

议事协商，就是以居民为中心，变被动协商为主动协商，实现“为民做主”到“由民做主”的转变。社区以服务居民为主线，把议事协商作为提升服务质量的重要手段，逐步探索出“4+6”民主议事协商工作模式，促进社区协商有序开展。“4”，即以“四会机制”为载体，通过社区工作联席会、社情民意建言会、社区事务评议会和社区重大事项听证会决定社区重点工作和重大事务处理，将社区建设的主导权和参与权更多留给了居民，提高居民参与议事的能力。“6”，即六步协商议事规范流程，确定协商议题和主体、召开协商会议、公告协商决议、推进协商决议落实、实施过程监督、居民满意度评价等协商流程。通过规范社区协商制度流程，形成了多路径收集议题，分层次协商议事，按流程逐步落实的社区协商和社区治理新格局。

三、创新协商形式，提高协商议事参与度

近年来，社区通过深入开展“金点子”大赛，调动社会组织、社区居民参与社区管理服务的积极性和主动性，引导他们在自娱自乐的同时，参与社区建设，积极为社区发展建言献策，为提升社区服务能力贡献力量。连续三年的“金点子”大赛，共征集各类“金点子”300余个，涉及为老服务、文体活动、社会治安、环境治理、青少年服务五大类，经过“征、商、审、优”等环节，60多个优秀“金点子”提案得到了支持实施。由

于在社区备案登记的社区社会组织多以老年人群体为主，故社区“金点子”大赛活动有效提高了老年群体参与度。为了提高中青年群体参与度，通过推广社区微信公众号、小区业主群等平台，面向中青年群体有效搜集社情民意，开展线上协商。另外，通过建立社区“两代表一委员”工作室，切实拓宽了社区协商渠道。东树林社区、长青社区成立了以社区人大代表刘艳和蔡秀斌命名的代表工作室，并选出10名选民代表联络员，广泛采集社情民意，每月召开一次座谈会，听取居民代表的意见和建议，协调解决居民反映的热点难点问题，很好地发挥了纽带和桥梁作用。

四、注重协商实效，解决实际困难问题

老旧小区的物业管理问题一直是居民关注的焦点问题。为提高小区物业管理水平，协调好业主与物业公司关系，降低小区物业弃管率，社区推行了“物业管理协调例会制度”，每季度组织各小区物业管理负责人和各小区业主代表召开一次座谈会，会上由物业管理人员向业主代表通报收费情况及各项工作开展情况，业主代表向物业管理方反馈服务需求和存在不足，双方面对面商议管理中存在问题的解决办法，消除双方隔阂，避免矛盾激化。如遇到居民拒缴物业费、物业公司准备放弃管理等特殊情况，社区会及时组织召开物业协调会，并邀请街道相关股室领导参加，共同努力解决问题、化解矛盾，避免产生新的弃管楼。这两年来，社区通过召开物业协调会，成功解决了花园小区农行楼、运输小区1、2号楼、东安二组团12号楼、鑫秋小区的物业弃管问题及东安一组团部分居民不交物业费问题。辖区64栋无物业管理楼房建成年代久远、基础设施老化严重、环境卫生差，是社区管理中的“老大难”问题。为了解决这一难题，社区通过与无物业楼房业主深入协商，最终全面推行了楼长负责制，由每栋楼业主协商推选出各自的楼栋长和单元长，在他们的带领下做好日常管理维护、楼院治安防范、邻里矛盾化解、群众宣传发动等工作，让这些无人管理的楼房有了“主心骨”“大管家”，解决了无物业楼房收费难、管理难、环境差等问题。

小到居民家事，大到小区难事、社区要事，都可以通过协商议事来解

决，有效拓宽了社区居民反映问题、商议问题、解决问题的渠道，大大提高了居民的自治能力，在提升服务水平方面发挥了积极作用。

| 案例点评 |

该案例选取了老旧社区居民日常生活中物业管理与服务难问题作为协商议题。在社区“两委”的带领和组织下，注重党建引领，推进社区协商平台建设；建立协商机制，实现协商议事规范化；创新协商形式，提高协商议事参与度；注重协商实效，解决实际困难问题等，做到了以党建工作为引领，以建设文明、宜居、和谐街道为目标，契合了“民有所需，我有所应”的工作要求，落实了平台建设、规范机制、创新形式、注重实效等工作举措，提升了基层党组织的战斗力与号召力，增强了社区居委会的凝聚力和向心力，提高了社区居民的关注度和参与度，彰显了社区的自治能力和服务水平，为构建和谐、平安、幸福社区创造了优良的氛围和扎实的基础。

在该协商案例中，依托“基金会”，汇集“金点子”，汇聚社情民意，协调了社区关系，化解了社区矛盾，盘活了社区资源，达成了社区共建、共商、共治、共享的目标，为做好辖区面积小、人口密度大、老旧楼房及老年人口多的社区协商和社区治理工作提供了可资借鉴的做法与经验。

深化居民协商议事制

赤峰市红山区哈达街道

| 社区简介 |

哈达街道办事处成立于1999年5月1日，地处红山区中心城区，辖5个社区居委会。辖区总面积4.476平方千米，总人口32999人，其中城镇常住人口24868人，城镇化率75.36%，另有流动人口7337人。总人口中以汉族为主，有蒙古、回、壮、满等少数民族。

| 案例详述 |

要最大限度赢得民心、汇集民力、尊重民意，让城乡群众成为基层社会治理的最大受益者、最广参与者、最终评判者，真正把评判的“表决器”交到群众手中。近年来，哈达街道以提升群众满意度和幸福感指数为工作目标，以“民事、民议、民决”为导向，深入开展基层协商民主建设，探索建立社区民主协商机制，搭建了社区协商议事平台，开辟出了一条联系群众、优化决策、化解矛盾、改进工作的新途径，推动了社区治理与服务创新，打造了共建共治共享的社会治理新格局。

一、起因背景——破解社区治理难题的迫切需要

哈达街道辖区老旧小区占比70%，居民构成比较复杂，治理难题较大。近年来，随着人民物质生活水平的不断提高，城镇社区居民社会结

构、价值观念、利益诉求日趋多元，社区治理难度日益增大。

2012 年，银马社区友爱胡同从园林路斜插进入哈达西街，经常有机动车为躲避红灯自该胡同穿梭，给周边小区老人和孩子出行带来了很大的安全隐患。人大代表建议在该胡同设立隔离桩，以限制机动车辆通行，但在胡同内经营粮油的一位老人认为，设立车辆隔离桩将会影响自己的生意，阻拦安装隔离桩并多次到街道上访。街道采取多种方式劝解无效，无奈之下，街道决定发动居民投票征求胡同两侧 243 户居民和商家的意见并公布结果，最终通过这种方式换得了老人的理解，顺利排除了安全隐患。在此之后，通过这种方法解决了停车位不足、停车不规范，卫生脏乱差，物业管理不规范等一系列细碎、复杂、打“死结”的问题。面对民意需求多样化，问题多元化，哈达街道没有停步不前，而是总结成功经验，不断探索，最终走出了一条基层民主协商新路子——居民协商议事制。

2015 年 1 月，哈达街道组建了街道居民议事中心。5 月，在下辖 5 个社区内成立社区居民协商议事中心，推动居民协商议事制。2016 年 11 月，人民日报社《民生周刊》杂志刊载哈达街道的居民协商议事做法进行推广。2018 年 7 月，民政部在召开红山区全国社区治理与服务创新实验区验收会时对居民协商议事的做法予以充分肯定。如今，居民协商议事制已成为哈达社区治理的“金字招牌”。

二、探索实践——以解决百柳社区都市花园小区供暖问题为例

居民协商议事制以社区党组织为核心，社区居委会为平台，广泛召集社区民主监督委员会、居民小组、业主委员会、物业服务企业、社区居民代表以及其他利益相关方共同参与协商，充分保障社区居民知情权、参与权、表达权、监督权，促进群众依法自我管理、自我服务、自我教育、自我监督。居民协商议事制推行以来，坚持民事民议原则，定期召开居民协商议事会议，完善制度机制，有效解决社区治理难题。

哈达街道百柳社区的都市家园小区建成年代较早，小区基础设施老旧，管道年久失修，居民苦于资金问题，无力承担更换管道费用。通过居民协商制协调红山区政府、富龙热力公司、居民等相关方，这个难题得以

解决。

（一）知“民需”——构建广泛的社情收集机制

网格员在入户走访调研时发现，近年来都市家园10号楼出现了暖气不热等问题，而小区又没有物业。网格员及时将这一情况上报社区，社区党支部书记请来热力公司工作人员勘查管道，发现供热管道老化非常严重，再不维修冬季供热时管道很容易发生破裂，99户居民的冬季取暖将无法得到保障。

广泛的社情收集机制是推广居民协商议事制的良好基础。为了更好地了解社情，街道将社区辖区按人数、面积划分多个网格片区，组建包括社工、党员代表、居民小组长、业主代表、社区民警等的网格员队伍。网格员是宣传员，号召居民通过协商议事解决问题矛盾；网格员是信息员，是社情民意的“顺风耳”，负责及时收集居民和物业公司之间的困难和问题，并在社区居委会设立协商议题登记处，受理居民反映的问题和提出的意见建议。

（二）速“回应”——构建快速的社情反馈机制

都市家园99户居民的冬季取暖问题，无法自己解决，社区十分忧心，立即将此事上报街道办事处，街道议事会审议组开会讨论研究，认为取暖问题是事关社区民生的大事，决定召开协商议事会，帮助居民协调解决此事。

快速的社情反馈机制是居民协商议事制获得居民认可的前提条件。为保证及时召开议事会解决群众问题，哈达街道设置了街道办、社区居委会两级议事中心。涉及居民范围较小、在社区权责内可以协调解决的事务交由社区组织协商议事会，涉及居民范围较大、社区难以协调的事务交由街道组织协商议事会。在街道办、社区居委会两级议事中心设置由司法所和党组织委员组成的协商议事会务组，负责按轻重缓急协调议事会顺序、会务组织工作、法律援助工作。

（三）共“商议”——构建科学的集体决策机制

2018年9月14日，在百柳社区议事中心召开了由居民、商户、富龙热力公司、党员代表等16人参加的居民议事会，经协商，富龙热力公司同意减免部分费用，但费用依然较高，没得到居民代表们的认可。于是又有了第二次、第三次的协商议事会。经过多次协商，多方表决通过解决方案，并将议事结果、工程方案进行公示。

科学的集体决策机制是议事会实现居民民主决策的必然要求。为使协商议事能够取得良好效果，街道办制定了由“陈述议题、辩论、表决、宣布结果、确认签字”环节组成议事制度，保障居民在议事会上可以充分发表自己的意见，议事结果全面体现居民意愿。

（四）重“落实”——构建高效行动机制

议事决议经过公示后，由街道办、社区居委会负责协调工作，富龙热力公司负责具体施工。由于更换供热管道需在都市家园楼前动工，部分居民因不想破损路面不同意更换供热管道，如更换管道必须收取赔偿费用。针对此情况，社区“大党委”通过整合辖区派出所、司法所等力量，在办事处、社区、融合单位居民的多次共同努力下，最终达成共识，工程得以施工。

高效快捷的行动机制是居民协商议事制保障议事成效贯彻落实的有力措施。街道办、社区居委会设置议事决定推进制度，制定时间表、路线图，责任到人，保证议事决定高质量落实。

（五）强“监管”——构建全面监督反馈机制

供热管道更换期间，由街道办、社区居委会组织居民代表、施工监理单位、社区党员组成的监察团进行施工监督。10 月 15 日之前，都市花园小区的余热管网全部更换完成，保证了居民供暖问题，居民协商议事制度得到了小区 99 户居民的充分肯定。

全面的监督反馈机制是保障议事成效的有力措施。建立议事公示制度、监督制度，对落实情况实施第三方监督。社区党组织组织相关利益主体对决议执行情况日常督查、监控、指导，及时汇总相关信息，进行分析研判，对决议执行不力、质量不高的项目执行方问责。

三、取得成效——提高居民幸福感、获得感、安全感

哈达街道采用的居民协商议事制在实践中取得了良好的成效，在居民

中形成了良好的口碑，解决了一系列社区难题。2018 年，5 个社区共召开居民协商议事会 122 起，解决居民与居民问题 75 个，居民与物业问题 12 个，其余问题 35 个。

一是“议顺”了居民群众诉求之道，提高了服务民生水平。议事机制保证了参与议事成员平等交流、共享信息、相互支持，使群众感觉有说话的平台和表达的机会。接官厅社区供销社楼小区是老旧小区，路面坑坑洼洼，雨天排水不畅，居民行走很不容易，但苦于资金问题始终无法得到落实。人大代表调研过程中发现此项问题，倡议召开协商议事会来解决，通过街道办、社区居委会、人大代表、融合单位、居民代表等多方参与协商，最终人大代表捐资 8.5 万元对小巷进行重修硬化。此举是推进民生工程的一项重要举措，为百姓解决了实实在在的问题，从倾听民众诉求中改善治理，在及时回应中引导公众参与，在良性互动中促成社会共识，进一步服务改善民生。

二是“议高”了居民幸福指数，增强了群众获得感。多方参与，畅所欲言，民主讨论，积极献策。辖区万悦城市广场位于城市中心，为缓解广场停车难、停车乱的局面，街道办、社区居委会、派出所、城管局、万悦广场商户等共聚一堂，共同探讨停车难的解决方法。经过协商讨论，将原来无人管理、自发形成的停车场地进行规范化管理，施划标准停车位，实现自治管理。这一做法不仅改善了广场环境，又缓解了停车难、交通拥堵的问题，为居民创造了文明、和谐、安全的宜居环境。

三是“议出”了共建美好家园愿景，增强了基层党组织号召力、凝聚力和战斗力。共建单位以居民议事为抓手，问需于民，问计于民，提升自身服务水平，为更好地服务民生奠定基础。银马小区由于建设时间较早、物业管理不完善，小区里的绿化带杂乱无章，社区“大党委”组织交警红山大队、红山区公安分局等共建单位召开居民协商议事会，协商开展绿化带亮化行动。以治理脏乱差为突破口，开展清理垃圾、铲除绿化带杂草，并对树木进行移栽，充实丰富树木种类，增加小区绿地面积，使社区环境有了很大的改观。

四、经验启示——以共建推动共治，以共治保障共享

回顾7年来居民协商议事制发展历程，哈达街道深刻总结经验教训，确定了发展好居民协商议事的四个关键。

（一）党组织要成为基层治理的“领头雁”

党建引领是居民协商议事的政治灵魂。要把党组织的引领作用贯穿于居民协商议事全过程之中，宣传阶段依靠社区党组织、党员的影响力，带动居民广泛参与到协商议事会中来；问题收集阶段依靠党组织、党员的号召力，使居民群众积极反映问题；议题审议阶段依靠党组织集中司法、行政等了解社情的人员给予审议；议题讨论阶段则依靠党组织、党员协调作用协调议事各方矛盾，促进议事推进情况；议题方案执行阶段要依靠党组织、党员对执行过程进行监督。

（二）最大限度赢得民心、汇集民力、尊重民意

为了人民、依靠人民是居民协商议事的初心，也是其永恒的生命线和创新发展的基本点。居民协商议事制依靠群众就地化解矛盾，实质就是贯彻落实党的群众路线。通过调动基层群众的积极性，让居民群众成为基层社会治理的最广泛参与者，将居民的意见收集并统一起来，促进相关部门、街道办、社区居委会同人民想在一起、干在一起，为基层社会治理取得良好成效打下群众基础。

（三）把基层治理的权利真正交给人民群众

把权利交还给人民群众是最终目标。议事过程公开、透明，有问题摆到桌面来协商，给居民群众畅所欲言的渠道。居民协商议事会将表决权交到居民手中，让居民群众真正成为基层社区治理的最终评判者，进而确保“小事不出社区，大事不出街道”，真正理顺了社区治理思路。

（四）进一步建设好基层协商议事平台

建设好协商议事平台是重要保障。居民协商议事中心既是议事中心也是服务中心，它整合了以往化解纠纷、保障权益、满足需求等功能。借助整合优势，互为助力，使其功能、手段、价值得以全面提升，保障居民群众成为基层社区治理的最大受益者，明晰了“你就是我，我就是你”的基

层线路图。

五、纵深发展——深化发展居民协商议事制

2019年，哈达街道围绕重点构建居民协商议事发展长效机制，做好以下工作：进一步完善议事机制，强化组织链接、服务引领、队伍提升、关怀激励等举措，构建居民协商议事“标准化体系”；在推行全领域融合党建的契机下，重点融合更多的涉及民生领域的党组织，扩大协商议事会可协调资源、服务、管理的范围；培育和引导更多社会组织、优秀个人参与居民协商议事，消除社区治理中的服务盲点，打造“党建引领、协商共议、协同共治”的社区治理新格局。

| 案例点评 |

该案例选取了社区居民关切的小区供暖、出行安全、环境美化等多项问题作为协商议题。在街道党工委的领导和社区党总支的配合下，多元协商主体多次实地考察、广泛征求意见、全面收集建议，聚焦居民群众利益，打通社区建设的堵点，解决社区发展的难点，贯通社区治理的节点，及时而全面地满足了社区居民的诉求，赢得了基层群众的认可，推进了社区协商的落地，营造了居民参与的氛围，创造了居民宜居的环境，夯实了居民为本的理念，完善了基层社会治理的体制，盘活了社区协商的机制，形成了可资借鉴的协商经验和可以推广的治理模式。

鲜明的协商议题、突出的协商主体、规范的协商流程和良好的协商成果，是知“民需”、速“回应”、共“商议”、重“落实”、强“监管”的必然结果，这是扎扎实实的服务理念，环环相扣的工作机制；“议顺”了居民群众诉求之道、“议高”了居民幸福指数、“议出”了共建美好家园愿景，这是诚心诚意的参与意识，一心一意的工作作风。

妥善地解决了一系列的社区难题，提升了社区居民的幸福感、获得感与安全感，社区协商议事成效大，推广价值高。

综合整治环境卫生　合力打造宜居条件

赤峰市元宝山区平庄城区街道旭日社区

| 社区简介 |

平庄城区街道旭日社区成立于2002年10月，辖区面积0.7平方千米，下辖6个居民小区，有居民2872户、8616人。社区党委直管党员174人，其中在职党员111人、流动党员63人。辖区有14家企事业单位和256家个体工商户。

近年来，旭日社区始终坚持“党建引领，文化先行，志愿延伸，居民参与”的工作理念，以“推动绿色发展、共建美丽家园”为宗旨，着力打造“旭日社区绿色环保联合党总支”。广泛开展组织联建、党员联育、资源联享、活动联搞、难题联解，党组织的核心作用和党员先锋模范作用发挥充分。在社区治理方面，旭日社区广泛发动各方参与，形成了以社区党委为核心，社区居委会、物业公司、辖区企业商户及民主议事会并驾齐驱，互相配合的“SUV四轮驱动”工作模式，拉动社区稳步向前发展。社区始终坚持以服务居民为重点，大力推进社区党群服务中心规范化建设，梳理服务事项12项66条，实现“一站式服务”“一门式办理”。社区党校、学习讲堂、道德讲堂、百姓大舞台等文化阵地作用发挥充分，理论知识宣讲、健康知识讲座、法律知识培训等宣讲座谈定期开展，“我们的节日”等文化活动有声有色，“社区厨艺大赛”文化品牌影响力持续增强。目前，社区建有志愿服务队9支，注册志愿者1145余人，志愿服务活动开展广泛深入，先后获得赤峰市模范基层关工委、赤峰市和谐社区、志愿服务优秀社区等荣誉称号。

| 案例详述 |

一、起因背景

旭日社区周边饭店、烧烤店和管辖平房区多年来没有物业管理，居民环保意识相对较差。辖区市场集市脏乱差现象严重，影响市容市貌和居民居住环境，小区内物业管理不到位，出现少数居民在小区的空闲地上种瓜种菜、养殖家禽、竖杆拉绳、晾晒衣被等不文明现象，更有甚者在空闲地里乱堆杂物、乱扔垃圾，严重影响了居民的生活和出行。社区“两委”多次组织党员和志愿者进行整治，但效果不明显。旭日社区成为城区街道“双创”工作（创建全国文明城市、创建全国卫生城市）的短板，上级领导和居民意见很大，急需开展环境卫生综合治理，特提出小区环境治理协商议题。

二、组织协商

（一）提出协商议题

按照上级党委“共建共融、共享共赢、创新机制、引领发展”融合党建的总体要求，结合旭日社区的特点，社区以“推动绿色发展、共建美丽家园”为宗旨，以打造“绿色环保”党建品牌为目标，将辖区单位、“双报到”单位、创城帮扶单位联合在一起，成立了旭日社区“绿色环保”联合党总支。结合小区的实际情况，决定就旭日社区（星光小区）环境卫生综合整治工作开展民主协商。共同推进党建融合发展，共建绿色美好家园。

（二）组建协商召集小组

社区成立了“绿色环保”联合党总支民主协商召集小组（以下简称“召集小组”），由社区党委书记任组长，业委会主任为副组长，联合单位负责人为成员，负责协商具体事务。

（三）确定协商内容，组建环保队伍，确保责任落实

召集小组召集社区工作人员和星光小区、旭日小区业委会、物业管理公司进行协商，根据居民需求，结合实际情况，拟定了环境卫生综合整治的工作思路，形成了“三联动”格局。即：社区与物业及业主委员会联动、社区与企业商户联动、社区与居民联动。

社区与物业及业主委员会联动：居委会监督管理物业公司和业主委员会负责管理小区的日常垃圾的清理、小区的绿化美化、基础设施的修复、车辆管理等。社区与企业商户联动：社区与辖区企业商户认真落实门前“三包”责任制，解决商户经营中产生的垃圾。社区与居民联动：通过各种宣传媒介教育居民养成良好的生活习惯和爱护环境的好品行。

组建“三支小分队”即：天使小分队、净土小分队、莺歌小分队。

天使小分队，由社区工作人员、老党员、社区志愿者和网格员组成。这支队伍以加强环境保护、防治环境污染为目标，宣传污染防治有关知识及法律法规，提高辖区单位和居民的知晓度。组织小分队成员定期巡查环境卫生状况，对清扫不及时的区域，立即联系物业公司进行整改，并组织天使小分队进行集中整治，对燃煤小锅炉、施工扬尘、黄土裸露、违规堆放生活垃圾及燃放鞭炮等环境污染问题，经常进行检查和纠正。在社区设立环保宣传栏，教育居民低碳出行，培养居民环保意识，养成良好的环保习惯，充分调动广大党员和居民群众参与环境污染防治工作的积极性，形成保护环境光荣、污染环境可耻的社会氛围。净土小分队，由社区工作人员、党员和志愿者组成，参与人居环境整治，打造绿色社区新“颜值”。社区“绿色环保”联合党总支积极发挥党建引领作用，结合人居环境整治，将党员活动日延伸到环境保护中，党员在人居环境整治上争当“示范户”，以“一个党员带动一个家庭，一个家庭影响一个单元”为目标，号召党员们带头树立“保护净土、人人有责”的环保理念，向社区居民大力宣传合理分类垃圾、节能低碳出行、美化绿化街面等知识，引导大家从身边做起、从点滴做起。监督物业工作的落实情况，及时反馈给社区相关人员。莺歌小分队，由社区关工委、团委、妇联等群团组织成员、党员、社区文化教员和文艺宣传队队员组成。负责环境保护法及相关政策和社区关

于环境保护工作的意见及制度的宣传，让社区居民真正了解相关的知识和内容。利用 LED 屏、板报、橱窗、文化长廊、文化讲堂、文艺舞台等宣传环保知识和政策，宣传健康向上的生活习惯和要求，用先进典型教育大家，用反面典型告诫大家，在社区形成一种人人重视环境保护，人人参与环境保护的良好氛围。

（四）协商成果

召集小组邀请街道相关领导、社区干部及星光、旭日业委会成员、物业管理公司代表和周边辖区企业商户召开民主协商座谈会。与会人员各抒己见，集思广益，形成协商成果如下。

1. 协商事宜：一是增加星光社区体育健身器材；二是打造绿色环保宣教长廊；三是建设文化大舞台；四是清理丝绸厂居民区“三不管”地段积存垃圾；五是星光小区地面平整和绿化。

2. 资金筹集：区文体广播旅游局投入 3 万元，解决健身器材；平庄城区街道投入 1 万元解决了清运垃圾的运输费用和文化大舞台的建设资金。

三、成果运用

旭日社区组织相关部门落实了协商成果，研究制订环境卫生整治方案，编制预算、募集资金、开工建设。区文体广播旅游局投入 3 万元，购置了 14 套健身器材。平庄城区街道投入 1 万元解决了清运垃圾的运输费用和文化大舞台的建设费用，小区的志愿者积极参加了垃圾的清理工作，清洁了环境，节约了资金。物业公司承担了平整地面和小区绿化的资金和任务。绿色环保宣教长廊由社区负责规划，物业公司协助实施。

| 案例点评 |

该案例选取了社区居民关切的如何解决居民随意占用公共空间问题，进而建设整洁美丽的社区环境作为协商议题。在社区党组织的领导下，社区专门成立了“绿色环保”召集小组，广泛征求社区干部、居委会和业委会等多方意见和建议，遵循完整的协商流程，充分考虑社区居民生活需求和社区治理实际情况，物业公司、业主委员会、居委会、企业商户、居民等多方各司其职，就日常垃圾的清理、小区的绿化美化、基础设施的修复、车辆管理等办法达成一致。

社区环境治理问题是每个社区建设和发展过程中不能绕过的话题。该协商案例在广泛了解民情民意和社区社情的基础上提出了现实性的协商议题，议定了权威性的协商主题。从提出协商议题、组建协商召集小组、确定协商内容，到推出协商成果，整个协商流程符合规定；从资金筹集方法、环境整治方案、社区环保宣传等协商成果来看，具有可操作性和推广示范性。

通过协商议事和成果共享，广泛调动了社区居民参与，扎实了社区治理和服务的体制机制，为其他社区处理类似问题提供了参考经验。

“合作社+牧户”

——发展集体经济　惠及困难群众

锡林郭勒盟苏尼特左旗巴彦淖尔镇巴彦德力格尔嘎查

| 社区简介 |

巴彦德力格尔嘎查地处锡林郭勒苏尼特左旗中南部，位于距离巴彦淖尔镇所在地50千米处，面积93.5万亩，嘎查集体草场面积1.32万亩，户数123户（低保户11户19人、五保户1户1人）；人口449人（蒙古族382人、汉族67人）；文明小康户68户。现有党员26名，党员中心户4户，“玛拉沁胡力奇”（牧民律师）4人，“草原送水服务队”6支。参加养老保险320人，参加医疗保险435人。2020年，人均年收入10323元，牲畜总头数为3.2万头只，其中苏尼特羊标准化畜群25群，嘎查铁畜3498头只，嘎查集体经济收入30多万元/年。

巴彦德力格尔嘎查“两委”在上级党委、政府的正确领导下，充分发挥基层党组织战斗堡垒作用和党员先锋模范作用，认真落实基层党建责任制，以“双服务”和“党员中心户+协会”模式为抓手，积极发展牧区合作经济组织，组织建立了“伟乐思互助资金专业合作社”和“巴彦德力格尔良种畜繁育专业合作社”，不断提高牧民组织化程度。坚持把发展壮大嘎查集体经济作为提升嘎查党组织组织力和服务功能的重要抓手，作为实施牧区振兴战略，带动牧民脱贫致富的有力举措，发展壮大服务型集体经济，嘎查集体经济资金达到603万元。

巴彦德力格尔嘎查推行契约化管理，增强嘎查事务管理水平，2020 年被评为全国乡村治理示范村。

| 案例详述 |

一、协商背景

苏尼特左旗是全国纯牧业集体产权改革试点旗县。作为全旗先行试点的 8 个嘎查之一，巴彦淖尔镇巴彦德力格尔嘎查经过清产核资、人员摸底、成员界定、股权量化设置等程序步骤，于 2018 年 5 月成立集体经济股份合作社，转股量化资产总额 724 万元，设置股权 1591 股，界定成员 452 人，建立健全了归属清晰、权能完善、流转顺畅、保护严格的牧区集体产权制度。2018 年 12 月，为解决合作社社员分红、收益惠及困难群众等事宜，由巴彦德力格尔嘎查党支部牵头开展了牧区社区协商工作。

二、协商过程

（一）协商主体

参与协商会议的有巴彦德力格尔集体经济合作社、旗委相关部门、巴彦淖尔镇党委政府、嘎查“两委”班子、嘎查牧民代表，共 81 人。

（二）协商内容

在分红协商会上，巴彦德力格尔嘎查集体经济股份合作社董事会向与会全体成员通报了集体经济股份合作社运转情况和收支情况，监事会成员全程监督。2018 年，巴彦德力格尔嘎查集体经济股份合作社通过入股其他合作社分红、经营集体种畜、盘活集体草牧场等形式共收益 39. 28 万元，实现净收益 23. 93 万元。

此次协商的主要议题是如何对净收益 23. 93 万元进行分红，即协商确定牧民代表的分红份额及用于改善牧民生产生活的公益金份额。合作社董事会就集体收益分配方案对牧民代表进行了说明，提出本次协商将净收益的 70%进行分红，剩余 30%支持牧民生产、生活改善以及困难群众临时救助。一是按照合作社章程及有关规定，经 65 位与会牧民代表协商讨论，全体表决通过了集体收益分配方案，净收益70%的16.7万元全部按股分红到人，这次协商共向452名社员（共1591股），按照每股105元的标准，发放了167055元，人均分红360元，每户最高分红3045元。二是在各相关利益群体讲述困难理由，旗相关部门和镇党委政府提出建议的基础上，经过反复协商，达成按30%比例提留7.18万元用于改善牧民生产生活的共识，提留资金以无息借款形式用于牧民新居和畜牧业基础设施建设、良种畜繁育、支持进城创业人员创业就业，并将部分资金无偿用于大学生资助、大病救助和自然灾害支援等方面，同时，结合项目引进资金完善通电、通网、通信等民生工程，用以提高嘎查牧民的生活质量。

三、协商结果运用情况

（一）“分红+借款”，有效提升社员切身利益

巴彦德力格尔嘎查集体经济股份制合作社分红协商会议后，实现了“资金变股金、牧民变股东”，使牧民得到了真正的实惠。合作社每年采取为嘎查牧户发放无息借款的方式，为牧民群众提供资金支持，有效解决了牧民贷款难、担保难的问题，共计以无息贷款形式扶持牧民群众资金累计达到1989.5万元。作为苏尼特左旗率先分红的集体经济合作社，巴彦德力格尔嘎查集体经济股份制合作社将继续结合本地优势，发展壮大集体经济，使集体经济分红成为牧民增收的重要渠道，让牧民获得实实在在的利益。

（二）持续推行契约化管理，增强嘎查事务管理水平

创新基层治理模式，持续推行嘎查契约化管理，把嘎查事务，特别是容易引发矛盾的纠纷事项与有关法律、法规、政策规定及村规民约相结合，通过合同、协议等书面形式，依法固定下来，明确基层组织与牧民之间、牧民与牧民之间的权利义务及履约责任，使嘎查事务管理形成了公正透明、责权明晰、执行有据、运作规范的长效机制，强化了嘎查级事务管理“一事一议”的具体性、针对性、简约性和灵活性。

（三）规范管理、探索创新，激发集体经济发展活力

为有效防止嘎查集体资产因管理不善导致被侵占、挪用、截留等现象

的发生，巴彦德力格尔嘎查切实强化集体资产管理，结合实际制定出台《铁畜管理办法》，将嘎查80%的“铁畜”以“草畜双承包”时的低价有偿承包给嘎查牧户，剩余20%的“铁畜”以30年期限无偿承包给贫困牧户，使集体经济一次就创收17万元，为发展壮大集体经济积累了“第一桶金”。

四、总结与反思

（一）强化党建引领，提升为民服务水平

嘎查党支部深入学习贯彻党的十九大精神和习近平新时代中国特色社会主义思想，落实新时代党的建设总要求，不断完善党务公开、政务公开、民主管理等工作制度，形成了用制度管理，用纪律约束的有效机制。下一步，将继续加强嘎查各类事务的规范化管理水平，切实增强党组织的凝聚力、向心力，发挥自身优势，创新发展路径，以集体经济不断增收的实际成果，更多地惠及牧民群众，更好地凝聚牧民群众，实现户户有增收、年年有积累的良性循环。

（二）完善协商体制，坚持切实保障股民权益

要维护好集体经济组织成员的权利，进一步明晰完善牧民集体资产权能，赋予牧民对集体资产股份占有、收益、有偿退出以及转让、继承等权利，真正做到尊重牧民意愿，组织牧民参与，接受牧民监督。

（三）创新协商机制，坚持致力科学规范运作

合作社要在嘎查党支部的领导下，在法律法规和政策范围内开展经济活动，并接受镇党委、政府和旗农牧业行政主管部门的指导和监督，一切按章程办事，一切依制度行事，一切对股东负责，始终做到公开透明、规范高效。

| 案例点评 |

该案例选取了关乎社区居民切身利益的合作社社员的分红份额及用于改善牧民生产生活的公益金份额问题作为协商议题。为了发展壮大集体经济，惠及牧区困难群众，积极探索出了“合作社+牧户”模式，以期强化

党建引领，提升为民服务水平；完善协商体制，坚持切实保障股民权益；创新协商机制，坚持致力科学规范运作。在镇党委、政府和旗农牧业行政主管部门的指导和监督下，探索“分红+借款”模式，并按章程办事、依制度行事和对股东负责，在基层社会推行了契约化管理之策和法治化建设之路。

结合牧区经济社会发展实际，契合牧民美好生活需求，确定社区协商的议题与主题，遵循社区协商的进程与流程，征求社区居民的意见与建议，达成了将净收益的70%进行分红，剩余30%支持牧民生产、生活改善以及困难群众临时救助的共识。这一协商结果，使牧民获得了实实在在的利益，激发了嘎查集体经济发展活力，创新了基层社会治理模式，为社区其他事务的协商提供了成功的经验和有益的参考。

推进基层协商民主　展现村民自治活力

锡林郭勒盟多伦县多伦诺尔镇北村

| 社区简介 |

多伦诺尔镇北村位于多伦县城东南1.5千米处，总面积8平方千米，辖3个村民小组，常住人口419户、1076人，贫困人口54户、104人，党员39名。北村水资源丰富，耕地肥沃平整，是传统的蔬菜村，村集体经济主导产业为蔬菜种植。2019年，人均可支配收入13700元，主要经济来源为外出务工、种植及自主经营，各占30%左右。现有正在运行的绿色蔬菜种植基地一处，占地面积200亩，日光温室90座，苗棚2座，村集体经济收入6万元/年。

2014年以来，为给村民谋福创收，做大做强绿色有机蔬菜产业，北村整合闲置耕地，推行“党支部+合作社+农户（贫困户）”模式，通过财政补贴、村委会筹资和村民入股合作社形式投资1575万元建立多伦县北越种植专业合作社，以股份制形式运作，采取统一种植、统一管理、利润分红的形式经营，设置入股上限20000元，即1000元/股，最少1股，最多20股，避免贫富分化。目前，合作社已吸纳股民275户，投入扶贫资金373.8万元，为55户贫困户实施了资产收益型扶贫产业项目，将扶贫资金作为全村建档立卡贫困户入股股金，每户每年享受固定分红不低于3000元，脱贫后参照普通股民按盈利进行分红。

在镇党委、政府的大力支持下，北村继续推行“联合党委+公司+合作社+农户（贫困户）”模式，在不断壮大集体经济的同时，成功实现向现代化农业转型发展。以吉林农业大学专家作为技术支撑，基于水肥一体化、物联网种植技术，积极开拓北京中高端市场，先后与中国国际电视总公司、京东集团线下超市等企业签订合作协议，提高了蔬菜的附加值，带动贫困户实现增收，得到了广大群众的信任。

通过不懈的努力，北村先后获得全国生态文化村、内蒙古自治区文明村镇、自治区卫生嘎查（村）、全盟文明村镇、全盟先进基层党组织、多伦县先进基层党组织和多伦县县长质量奖等多项荣誉。近几年，合作社致力于提高蔬菜品牌，现已取得绿色蔬菜认证证书，北村绿色蔬菜发展步入了良性健康发展轨道。

| 案例详述 |

案例 1：2013 年 12 月，为带领全体村民走上致富路，北村党支部提出“科学发展，增收富民”的发展思路，通过推行“支部+合作社+贫困户”模式，整合闲置耕地，通过财政补贴、村委会筹资和村民入股合作社形式，成立村办合作社，以合作社为载体，新建高标准日光温室，以股份制形式运作，采取统一种植、统一管理、利润分红的形式经营，以此发展壮大村集体经济，带领村民脱贫致富。但村民对于这种产业发展模式前景并不看好，对种大棚到底能不能赚钱，心里没有底，在最初征集村民意见时困难重重。

协商过程：为顺利推进北村“支部+合作社+贫困户”模式，北村党支部书记带领村“两委”班子以及部分村民代表多方考察，充分发挥党员作用，采取党员分片包户，一家一户地去做宣传工作，并召开村民大会对产业发展模式征求村民意见。村民各抒己见，充分发扬民主，最终达成一致结论，通过推行“支部+合作社+贫困户”模式，发展壮大村集体经济，带领村民脱贫致富。

协商结果：村党支部第一时间按照程序办理营业执照，及时与城建部门沟通办理相关手续，并于 5 月开工建设，村党支部书记积极负责此次事情的进展督促工作，村民自主配合。在多方协同努力下，合作社于 2014 年

12月顺利完工验收，已吸纳股民275户，其中贫困户52户、107人，低保户67户、101人。几年来，通过“资产收益型”扶贫模式，实现了“造血式”扶贫，杜绝了以往“输血式”扶贫造成的贫困户“等要靠”思想；通过将合作社收益进行分红的方式，有效实现了持续性扶贫的目标。帮助有劳动能力和劳动技能的贫困户在合作社实现就业，每月保底工资3000元，在分红的基础上实现就业创收，为充分调动其积极性，每产出一斤蔬菜，提成1元，通过这一举措，每人每月提成可达1700~2000元，每人每月可收入4700~5000元。通过发展产业，2018年北村村集体收入达6万元/年，人均可支配收入达到12700元/年。

案例2：2018年3月，北村推进土地经营权确权颁证工作，召开村民代表大会，民主评议土地经营权确权颁证工作方案。

协商过程：为顺利推进土地经营权确权颁证工作，村党支部书记组织召开了全体村民代表大会，就《北村土地经营权确权颁证工作方案》具体细节进行民主评议，村民代表主要围绕空挂人员、婚出人员、婚入本村后离异人员以及长期在北村居住的非北村户籍人员是否符合颁证条件进行了充分讨论。

协商结果：最终评议以1997年二轮土地承包时间节点为界，二轮土地承包时未取得经营权的以上人员不符合颁证条件。

| 案例点评 |

该案例选取了村民关心的发展壮大集体经济和土地经营权确权颁证问题作为协商议题。脱贫攻坚战略，功在当代，利在千秋，只有贯彻落实国家政策，有效结合农村经济社会发展实际，做到精准识别和服务，精细管理和施策，才能为基层社会注入不竭活力，为普通群众创造更多财富，最终稳固执政党的群众基础。希望在基层党组织的带领下，在广大群众的积极参与下，持续巩固脱贫攻坚的有效成果，有效对接乡村振兴战略，夯实美丽乡村和美好生活的经济社会基础。

在村党支部书记的领导下，在广泛征求村民意见和建议的基础上，通过召开村民大会和村民代表大会，充分发扬民主，形成了“支部+合作社+

贫困户”的集体经济发展模式和《北村土地经营权确权颁证工作方案》共识。

该村党支部能坚持通过协商民主切切实实解决村民关心、关切的涉及村民利益的问题，村干部的协商素养和村民的协商精神都在实践中得到提升，协商氛围发展良好。通过协商，使村民的协商参与热情得以激发，在长期且比较成功的协商民主实践过程中，村民因为更多的受尊重和得到利益满足而获得越来越多的“成就感”。

民主协商解难题　居民自治促和谐

锡林郭勒盟锡林浩特市额尔敦街道振兴社区

丨社区简介丨

振兴社区 2002 年成立，辖区面积 0.93 平方千米，辖区总人口 2119 户、5089 人。其中，位于社区西北的佳域帝都小区属封闭型小区，由 2 栋高层楼房组成，现有住户 104 户、263 人。辖区现有企业 32 家，行政事业单位 6 家，个体工商户 146 家，学校 2 所。

2018 年，成立社区党委，下设 5 个党支部，共有党员 213 名，其中在职党员 9 名、居民党员 32 名、退休党员 143 名、高校毕业生党员 12 名、退役军人党员 9 名、下岗失业党员 8 名。

辖区小区 15 个，常住人口 1800 户、4500 人，其中 60 周岁以上老年人 799 人，残障人士 48 人，享受城市最低生活保障居民 7 户、9 人，现有国有企业退休人员社区管理人数 696 人。

2014 年，新建总面积 1533 平方米的社区活动阵地，内设便民大厅、图书室、健身娱乐室等多个功能室。社区立足提高服务管理水平，着力打造“为老服务型”社区。依托便民服务大厅，实行“一站式”服务。同时，积极推进精细化服务，将社区划分 4 个网格。

振兴社区居委会自成立以来，各项工作开展有条不紊，先后荣获全国学习型家庭创建示范社区、全国充分就业社区、内蒙古自治区档案工作先进集体奖、锡林郭勒盟先进基层党组织等荣誉。

| 案例详述 |

一、背景和事由

协商是解决社区矛盾的有效手段，是推进社区治理的有效途径。为了推进社区协商，提升社区治理水平，振兴社区党总支在广泛采集民情的基础上，组建了由小区业委会成员、社区公安民警、社区党员代表、居民委员会代表和网格员等9人组成的“民情协商委员会”，积极推行“自下而上”的民主管理机制。“民情协商委员会”作为民情协商机构，负责审议协商制度、组织开展协商会议、督促落实协商成果。委员会组成人员根据自身工作和生活实际，从不同角度联系居民，了解、掌握社情民意，收集、整理、调查群众反映的热点和难点问题。

2016年12月，社区内某小区部分业主与物业企业发生纠纷，引发纠纷的原因是：小区停车场门禁系统发生故障无法修复，物业企业第一时间联系厂家，因恰逢厂家活动期间优惠价格，物业企业第一时间采购，安装后要求停车场业主共同负担此项费用。而业主认为此事由物业企业一手包办，在未得到业主委员会同意的情况下擅自采购并要求业主平摊费用，业主将不予承担。

二、议事过程

社区党总支书记组成调查组对此事件进行了实地调查，并将调查报告提交民情协商委员会。民情协商委员会立即联系小区民情理事会召开协商会议，并邀请社区居委会主任、社区物业服务中心工作人员和部分停车场业主代表一同参会。其间，与会人员就此问题踊跃发言，献计献策，沟通协商，并形成以下共识：一是由业主委员会对门禁系统价格进行调查，如确实为优惠价格，则同意与物业企业进行协商。二是物业企业此次采购未经业主委员会同意擅自行动并造成纠纷，应引以为戒，下不为例，并承担部分采购、维修费用。三是社区居委会牵头组织业主委员会成员和物业企业负责人对锡林浩特市物业管理方面出台的新规定和新政策进行学习。

三、取得成效

通过加强民主沟通协商，小区业主与物业企业达成共识，停车场门禁系统采购、安装费用由物业企业承担一半，另一半由停车场业主平摊解决。小区业主和物业企业对政策、规定进行了知识更新，小区物业服务运行实现了更加规范化和制度化。

| 案例点评 |

该案例选取小区业主与物业公司的现实矛盾作为协商议题。通过召开基层协商民主理事会，在充分沟通协商后，小区业主与物业企业达成了各承担一半费用的共识。

该案例中，协商流程规范、合法，协商议题着力推进解决居民“身边事”，协商结果具有可操作性和权威性。

通过社区协商和居民参与，不仅解决了小区业主与物业公司的利益纠纷，而且助推了该地区物业管理服务的规范化和制度化。

“便民服务”助推社区协商

锡林郭勒盟苏尼特右旗赛汉塔拉镇杭盖路社区

| 社区简介 |

杭盖路社区位于苏尼特右旗赛汉塔拉镇北部，辖区面积1.2平方千米，有居民1765户、4765人。社区下设3个党支部，党员173名。社区先后荣获“内蒙古自治区基层党组织建设示范点”“内蒙古自治区民主法治示范社区”“内蒙古自治区五四红旗团总支”“锡林郭勒盟规范化先进社区党组织”“锡林郭勒盟暖心党建精品社区”等荣誉称号。

杭盖路社区始终抓住社区服务这一重点，以“五心”工程为依托，发挥社区党组织的政治引领、领导核心作用和联合党委职能作用，结合在职党员进社区、社区便民直通车、网格化管理、便民之窗等服务平台，创新设立“红色娘子军”志愿服务队、“党员服务驿站”等特色服务载体，提升服务群众能力和水平。

| 案例详述 |

一、基本情况

杭盖路社区辖区内共有8处老旧小区，居住人口多为老人，老龄化严重，其中小区热力管道问题尤为突出。为切实解决好涉及群众关心的热点和难点问题，社区党总支多次实地调研，学习借鉴先进地区社区治理经验，多方听取意见和建议，逐步建立完善社区治理“便民服务”协商共同体机制。社区治理“便民服务”协商共同体，由党组织牵头，居委会、小区居民参与，共同协商解决小区公共事务，共建和谐社区，共享治理成果。

二、主要事由

老干部小区于2008年交付使用，住宅共有50户，现有常住人口100余人，小区内大多居住着老年人。因小区前期规划建设存在一些不合理的地方，热力主管道采用铁管供热，由于常年腐蚀生锈管道老化，导致管道存在漏洞，经常漏水，每到冬季，热力公司加压时，特别容易引发管道崩裂，严重影响居民供暖供热。为此，不少群众意见很大，多次向热力公司和社区居委会反映，要求尽快解决。

社区接到反映后，社区党总支认真研究，多次派人到现场了解情况，研判问题，实地查看。社区成立了社区工作小组，由居委会主任带队走家串户征求居民意见，并召开小区居民议事会，协商小区热力管道更新更换事宜，最终决定开展“便民服务”协商共同体程序进行社区协调。

三、协商解决过程

在详细了解以上情况后，社区党支部书记、居委会主任召集热力公司主管、小区居民代表，共同协商解决这个问题。经多次协商，居民代表多次坐在一起，在目标一致、相互理解、相互支持的基础上，探讨商议，愿意共同为本小区群众创造一个良好的生活环境。最终，商议决定，每家每户各出1000元，重新更换热力管道，其中包括热力主管道（镀锌管）和入户支管道（PVC管道），分水器则由各户另行支付。

经过协商，杭盖路社区指派小区老党员发挥“五老作用”对施工现场进行监工，小区居民按照协商约定执行，热力公司负责更换。这次开展的社区协商，有效满足了小区群众的实际需求，解决了群众生活的实际供热困难，为建设一个和谐的美好家园打下了坚实基础。

四、几点启示

社区协商实践不断发展，得出四点启示。

一是必须坚持党的领导。党的领导是加强社区协商民主建设的根本保证。社区协商能不能发展好、凝聚好群众共识，最关键的是方向正不正确，政治保证是不是坚强有力。社区党组织在社区协商中发挥领导核心作用，加强对协商工作的政治领导、思想引领、组织保障，把党的领导贯穿于社区协商全过程和各方面，使社区协商始终沿着正确轨道推进。

二是必须坚持基层群众自治制度。社区协商是基层群众自治制度的有机组成部分，是群众直接行使民主权利的有效途径。坚持居民自治，规范居民会议、居民代表会议议事规程，充分发挥基层群众的智慧，用群众习惯的方式来解决群众身边的问题，逐步扩大基层民主范围，引导居民参与社区日常管理，通过协商来表达诉求、化解矛盾、增进共识，保障群众享有更多更切实的民主权利。

三是必须坚持依法依规协商。要将社区协商纳入法治化、制度化轨道，确保社区协商活动合法有序进行，协商结果合法有效。探索建立社区网络协商的规范和规则，保障社区网络协商健康有序发展。

四是必须坚持民主集中制。坚持民主基础上的集中和集中指导下的民主相统一，实现发扬民主和提高效率相统一。在协商决策时，既要依靠群众，发扬民主，广泛听取意见，确保协商依法开展、有序进行，又要坚持教育和引导群众，防止议而不决、决而不行。社区以“开放、包容、创新、厚德”为引领，以“多元参与、协商共治”为目标，充分发挥每个社区居民的聪明才智，发挥协商民主在社会治理中的作用，促进社区居民的幸福指数显著提升。

| 案例点评 |

该案例选取了小区热力主管道更新更换问题作为协商议题。通过开展“便民服务”协商共同体程序进行社区协调，最终达成了每家每户各出1000元，重新更换热力管道，分水器由各户另行支付的共识。

该案例中，小区老党员承担了监督施工现场等职责，保证了协商约定执行效果。在协商中，逐步扩大了基层民主范围，引导居民参与社区日常管理，表达诉求，化解矛盾，增进共识，保障了群众享有更多更切实的民主权利。

积极探索协商议事五步法

乌兰察布市集宁区常青街道东长青社区

| 社区简介 |

常青街道东长青社区位于集宁老城区东部，辖区面积 1.35 平方千米，常住户 2552 户、6387 人，下设 8 个网格，平房区住户 412 户，警校单体楼住户 60 户，铁东佳园小区 ABC 三个区楼房住户 3116 户。社区党委现有党员 101 名，辖区驻片单位 3 个，已与设有党组织的内蒙古汇景实业集团、包联共建单位乌兰察布市广播电视大学、乌兰察布职业学院等单位建立了社区联合党委。

东长青社区以党群服务中心为依托，坚持以党建为引领，有效运用“1234”党建工作法，统筹各类社会资源，以服务居民为出发点，抓党建、抓治理、抓服务。利用“4+N”协商议事机制，解决老百姓的实际困难和矛盾纠纷，增强广大居民群众的满意度和幸福感。

| 案例详述 |

一、社区协商“五步法”

东长青社区始终坚持以党建工作为引领，重点开展社区教育、志愿服务、综治维稳等工作。特别是为了提高居民自治能力和参与社区建设的主动性，由社区党组织牵头，搭建协商议事平台，形成了小区业委会、居民代表、上级职能部门、志愿服务队等多元参与的协商议事机制，解决了居民反映和网格长排查到的涉及老百姓切身利益的困难问题、矛盾纠纷以及关乎小区或社区建设的重大事项20余件。工作过程中，总结提炼出了社区协商“五步法”工作模式，并严格按照“五步法”开展工作，取得了良好效果，深受广大居民的好评，实现了协商于民、协商为民。

社区协商“五步法”工作模式：

第一步：接案调查。根据接待居民来访反映和社区工作人员在日常工作中摸排的问题，分类进行详细登记。根据事件内容，及时开展实地调查，并和相关部门或个人进行前期沟通。

第二步：“两委”研究。召开“两委”会议，听取网格长汇报调查情况，集体研究明确协商议题，确定应参与协商议事各方主体，拟定协商议事初步方案，明确协商议事涉及主体应负责的事项或内容。

第三步：协商议事。通过多种方式，向参与协商的各方主体通报与会的相关信息。在协商议事时，介绍事件的基本情况以及社区“两委”初步建议，各方主体就协商事项进行协商讨论，最终形成共识，达成解决方案。

第四步：跟踪实施。协商议事达成最终意见和方案后，进入协商议事成果实施环节，网格长负责实施过程的全程跟踪，及时发现实施过程中存在的问题，确保协商结果落地生根，见到实效。

第五步：结案评价。协商议事成果实施完成后，总结提炼典型经验，做好成果运用。及时公开协商成果落实情况，了解利益相关方对协商议事和落实情况的满意度，做好档案归档。

二、具体案例

（一）接案调查

2018年11月24日，东长青社区收到铁东家园B3号楼居民反映情况，从2017年入住铁东家园以来暖气一直达不到规定的供热温度，最高温度只有12摄氏度，家中老人、小孩经常冻感冒。多次联系物业公司无果，寒冬将至，望社区帮忙协商处理。

（二）“两委”研究

2018 年 11 月 27 日，经社区工作人员到居民家中实地测量温度，发现 B3 号楼居民家中温度普遍不达标。为尽快解决居民供暖问题，社区就铁东家园 B3 号楼二单元暖气不热问题召开社区“两委”会议。会议决定由社区工作人员继续与物业公司协商，为下一步召开协商议事会议做充分准备。

（三）协商议事

2018 年 12 月 3 日，物业公司代表、业主代表、社区工作人员共同参加协商议事会议。物业公司表示，暖气不热和物业公司没有关系，建议居民联系供热公司解决。经多方协商，居民将向相关部门反映情况，社区向热力公司、地产开发企业反映情况。

2018 年 12 月 14 日，经社区工作人员多次协商，召集物业公司、供热公司、地产开发企业等多方共同参加第二次议事会议。面对居民迫在眉睫的供暖问题，社区主任就居民反映的问题一一举例，向各部门说明事情的严重性及居民切身的利益。最终，会议决议由地产开发企业出资、供热公司施工、物业公司配合供热公司维修供热管道。通过社区搭建的沟通“桥梁”，各部门各司其职，让家变得热起来成了大家的共同目标。

（四）跟踪实施

在解决供热问题和落实协商结果的过程中，社区工作人员持续跟踪实施，查看泵房改造情况，落实协商结果。泵房改造完毕后，居民家中温度逐步回升。

（五）结案评价

2019 年 1 月 3 日，B3 号楼居民来电称，家中温度已有 20 摄氏度，感谢社区的积极协调。通过协商议事会议的召开，东长青社区工作深受广大居民的认可和好评，取得了良好效果，实现了协商于民、协商为民。

| 案例点评 |

该案例选取了涉及社区居民切身利益的供暖问题作为协商议题。通过召集利益相关方召开两次“协商议事”会议，在充分沟通协商后，达成了由地产开发企业出资、供热公司施工、物业公司配合供热公司维修供热管道的共识。

社区协商“五步法”工作模式，使该地区协商议事工作步入了制度化、规范化、程序化轨道，始终坚持以党组织为引领，以提升自治能力和服务水平为目标，充分发挥议事协商组织作用，引领居民有序参与社区建设，不断推进社区治理和服务创新再上新水平。

通过运用“五步法”协商议事，解决了居民供热不达标问题，为其他社区处理类似案例提供了可借鉴的经验，具有较强的典型性和推广性。

协商促和谐　治理吃水难

乌兰察布市集宁区常青街道华宁社区

| 社区简介 |

华宁社区位于集宁区东郊城乡接合部，依霸王河景观带西岸由北向南呈带状分布，辖区面积 8.1 平方千米，归常青街道办事处管辖，下设 5 个网格，有居民 1716 户、人口 4159 人。华宁社区三分之二管辖范围都为平房区，人口流动性大，需要社区协商解决的事件层出不穷。

| 案例详述 |

为了发展基层民主，拓展基层群众参与公共事务管理渠道，努力提升基层群众自我管理、自我服务、自我监督的能力和水平，华宁社区结合协商议事工作要求，逐步探索总结出以网格长接案调查、“两委”会议拟定方案、各协商主体进行协商议事、社区工作人员跟踪实施与全程公开、结案评价为主要协商议事工作实施步骤的“五步法”民主协商议事工作模式。

2019 年 7 月，通过“五步法”协商议事工作机制，华宁社区为所辖栗家村平房区解决了多年以来的自来水用水问题。栗家村由于自来水主管道老化，造成输水管道多次破裂跑水。社区党支部书记多次下片实地查看情况，并雇工人进行自来水管维修。但因管道老化严重，2019 年 6 月中旬，老化管道再一次破裂，导致地面渗水严重，并且由于跑水严重，自来水公司采取了停水措施。社区了解到相关情况以后，立即与网格长实地查看了自来水管损坏情况，并入户了解了周围居民的用水情况，并召开“两委”会议，初步研究商讨解决方案，确定协商主体及召开协商议事会议的时间、内容等事项。

2019年7月8日，在华宁社区的积极促成下，集宁区自来水公司、栗家村居民代表及华宁社区三方共同召开协商议事会议，商讨栗家村自来水管道维修相关事宜。在协商过程中，三方意见出现了分歧，如社区提出栗家村自来水管反复坏，导致居民用水难以保障的同时，维修费用将会不断升高。为了彻底解决栗家村自来水问题，建议居民共同出资更换老化严重的部分自来水管道。居民代表刘大爷听后，说：“栗家村自来水管道老化跑水是存在已久的问题，而且经常坏的就是那一处。全村人要想正常用水，确实应该共同集资进行维修。但是，栗家村的低保户和孤寡老人很多，筹钱存在困难。而且，维修期间，居民的用水又该如何得到保证?”针对这一问题，社区“两委”立即与集宁区自来水公司进行协商，达成了一致意见——维修期间，自来水公司安排工作人员定时放水，以保证居民的基本生活用水，维修期间的用水问题得到了解决。部分居民不愿意出钱维修自来水管道，原因是：一是困难户的钱难以筹集，二是部分居民不愿意出钱。又经过与居民代表反复沟通协商，决定由社区工作人员协助居民代表共同入户收取维修费用，向居民做好解释工作；社区“两委”向街道办事处申请一部分维修资金，从而保证维修方案的尽快落实。

经过协商讨论，征求意见，确定维修方案以后，社区负责雇用工人施工。在施工过程中，社区网格长全程跟踪落实，保证及时协商施工过程中存在的问题以及对施工质量、施工进度等进行监督。经过长达十多天的维修，栗家村老化破裂的自来水管道全部维修完毕，并对破坏的路面进行了地面恢复，保证了栗家村居民的正常用水与日常生活。维修结束后，华宁社区居委会对集资情况和维修费用进行公示，保证维修费用使用的公开透明与居民监督。社区对居民群众关于此次协商议事成果实施的满意度进行了调查，居民群众对社区积极协调各方资源维修自来水管道的做法给予高度评价。大家纷纷表示，对于能够参与到社区协商议事工作过程中，发挥自我管理的主人翁作用，是调动居民参与社区治理的有效举措，是体现“协商于民、协商为民”的关键所在。

通过开展协商议事，在社区内营造了居民关心、支持、参与议事协商的良好氛围，找到了社区动力，激发了社区活力，提升了社区建设水平和社区治理能力。在工作开展的过程中，社区工作人员和居民的协商意识不断增强，并通过协商议事机制搭建了社区、居民与协商议事相关部门沟通交流的平台，促进了社区难点、堵点问题的有效解决。

| 案例点评 |

该案例选取了长期困扰老旧小区居民生活即因自来水管道老化破损十分严重、漏水跑水习以为常而又难以及时维修解决的社区问题作为协商议题。为了体现基层社会民主的含义和价值，拓展基层群众参与公共事务管理的渠道或途径，努力提升社区居民自我管理、自我服务、自我监督的能力和水平，华宁社区结合社区协商议事的工作要求，逐步探索和总结出了以网格长结案调查、“两委”会议拟定方案、各协商主体协商议事、社区工作人员跟踪实施与全程公开、结案评价的“五步法”民主协商议事工作模式。

在该协商案例中，社区“两委”深入实地认真开展调查与研究，广泛听取社区居民的意见和建议，积极寻找妥善解决长期积累下来的危及人民群众日常生活和出行安全的社区难点、结点和堵点等问题的方式或方法，为妥善解决城乡接合部、平房区比例大、人口流动频繁及历史遗留问题集中等类似社区问题提供了值得参考的成功案例。

优势主导“四治”融合
打开社区治理新局面

鄂尔多斯市东胜区纺织街道曙光社区

| 社区简介 |

曙光社区成立于2007年9月，辖区面积2平方千米，共有居民4075户、8507人，直管党员132名。辖区有民营企业148家，个体工商户126户，幼儿园1所，小学1所。社区以党建为引领，在社区共治、民主法治、居民自治和德治有效结合的“优势主导、‘四治’融合”社区治理模式下，通过“三三三”工作机制实现了社区大情小事都通过民主协商解决，形成“民事、民议、民决”的良好氛围，使社区从“有形”向“有效”延伸，形成了新的合力。社区先后荣获全国先进基层党组织、全国和谐社区、全国最美志愿服务社区、内蒙古自治区先进基层党组织等荣誉称号。

| 案例详述 |

一、事由和背景

曙光社区奥林花园A区于2009年建成，小区绿树成荫，环境绿化较好，但有居民反映部分楼宇一至三层甚至四层的光线被树木遮挡，对生活造成困扰，要求改种灌木。社区就此事深入小区广泛征求居民意见，并召集居民进行民主协商解决。

二、具体做法和措施

（一）“三联”夯实协商主体联动新堡垒

1. 党建引领，联合协商。曙光社区整合6家党组织成立联合党委，通过组织联建、资源联享、服务联搞、活动联办、发展联抓、事务联商、难题联治、和谐联促、文明联创、平安联守“十联”工作模式，为党组织之间协商决策资源优化、小区绿化搭建沟通平台，努力形成区域化民主协商工作合力，将绿化影响居民采光问题提上日程，制订方案。

2. 构建体系，联动参与。社区在小区打造“同心”党群驿站，构筑“社区党支部、小区党小组、党员中心户、党员”和“居委会、业委会、楼栋长、居民”组成的“双线四级”治理体系，积极引导居民参与协商，将好的意见建议反映在党群驿站，助推社区民主协商走向共治和自治的道路。

3. 多元融合，联建队伍。曙光社区广泛吸收社会组织和志愿服务队参与社区协商，充分发挥其社会性强、融合性强等独特优势，让社会组织和志愿服务队成为社区民主协商不可或缺的力量，发挥优势，解决难题，化解矛盾。

（二）“三共”创新社区协商治理新模式

1. 社区服务共管。推行“社区组织、企业配合、按需服务”工作方式，与企业个体工商户、社会组织、志愿服务队、网格队伍、党小组、业委会形成六联动，分群体、分领域、分需求为广大居民提供关爱、平安、文体、调解、志愿、民主协商等精细服务，形成“六方联动、六项服务”模式，共同参与社区治理。

2. 社情民情共商。横向到边，形成社区议事会议事、社区社会组织协助、社区居民代表大会决策、社区居委会执行、社区监督委员会监督的社区协商体系；纵向到底，构筑社区居委会、社区事务工作站、业主委员会三级服务平台，共同协商解决居民关注的热点、难点、堵点问题。

3. 党情民情共议。曙光社区注重发挥党组织引领和党员带头作用，建立了片区、社区、街道三级党情民情议事会，搭建开放公共的议事平台，让社区党员、热心居民亮出身份，参与治理，破解小区难题，形成了由党员代表、居民代表、街道领导、社区书记和主任、辖区企业管理层代表、市区“两代表一委员”组成的联席会，开展决策性协商、执行性协商、监管性协商、调处性协商。社区将干部入户走访、群众反映的问题归纳整理出来，联合相关部门在党情民情议事会上充分讨论，达成共识，形成决议。就小区绿化影响采光问题先后召开 4 次会议，最终达成改种灌木的一致意见。

（三）“三规范”推进制度建设新平台

1. 规范协商考评机制。制定《社区居民公约》《社区民主评议制度》，设立民情信箱，保证民情反映渠道畅通、民主自治行为规范。绿化影响居民采光问题解决后，社区全体党员、社区居民代表开展联述联评，满意与否由群众做主。

2. 规范民主协商机制。为保证社区民主协商方向，需要建立和形成一套完善的工作制度与运行机制，制定了《社区居民自治章程》《社区事务公开制度》《社区协商议事制度》；健全了社区议事协商机制、社区公共服务机制，推动社区各项工作规范化开展。社区建立了三务公开栏，就小区绿化影响居民采光解决进展进行公开，加强了群众对社区事务的知晓率，同时接受群众的监督。

3. 规范民主协商渠道。开设居民微信群，将街道办、社区居委会、社区居民、辖区企业紧密联系起来，实现了双向交流、互联互通。在居民微信群可以及时了解到因小区绿化影响居民采光这一问题动态。居民通过这个平台还可以反映问题、咨询政策及为社区献计献策。通过网络这种全新的邻里交际模式，拓宽了民意表达、参政议事、事务公开、办理回应的渠道，为社区居民参与民主协商提供了新途径。

三、解决成效

曙光社区通过“三三三”民主协商工作机制，实行专人组织、专人主持、专人记录、专人负责的“四专”工作模式，倾听群众呼声，了解社情民意，把原来影响采光的柳树改种为灌木，有效解决了居民采光问题，从而将问题化解在基层，解决在萌芽状态，拉近了社区与居民的距离，增加了居民的满意度，为以后更好地开展社区工作奠定了基础。

四、案例启示

通过“三三三”民主协商工作机制，不仅解决了过去的老大难问题，而且在提升社区服务水平、建设和谐社区等方面探索出一条民主协商的新路子，使社区从“有形”向“有效”延伸，形成了新的合力。这体现了社区服务理念从“百姓适应我、我方便”到“我适应百姓、百姓方便”的转变。社区围绕强组织、访民情、办实事、抓落实，把群众关心的事一件件办好，把工作上的困难一个个克服掉，真正做到心系人民，服务人民。

| 案例点评 |

该案例选取了小区绿化影响采光问题作为协商议题。在“四治”融合社区治理模式下，依托“三三三”工作机制实现了社区大情小事通过民主协商解决，最终达成改种灌木的一致意见。

在该案例中，形成了社区协商的新特点，如“三联”夯实协商主体联动新堡垒，“三共”创新社区协商治理新模式，“三规范”推进制度建设新平台；契合了社区协商的新要求，如社区治理工作从“有形”向“有效”的延伸，社区服务理念从“百姓适应我、我方便”到“我适应百姓、百姓方便”的转变；积累了社区协商的新经验，如强组织、访民情、办实事、抓落实，心系人民、服务人民，有制可依、有规可守、有章可循、有序可遵等。总之，扎扎实实的协商实践，值得推广的协商经验，需要形成推广效应和示范效果，希望健全工作机制，创新协商理念，确保协商民主的常态化和可持续。

党建引领社区协商微治理
推动基层治理现代化

鄂尔多斯市达拉特旗平原街道

| 社区简介 |

平原街道办事处位于达拉特城区北部（属城乡接合部，业主大部分是农村迁入和外省市打工人员），辖区面积 4.7 平方千米，人口 6738 户、19540 人，辖 14 个小区和 2 个棚户区。街道、社区不断学习、探索，转变重管理、轻治理的观念，以社区协商意见为核心、民主自治制度为保障，在提高公益性服务能力的同时切实强化居民议事协商和居民自治工作，激发居民在小区建设、管理和精神文明创建等工作中发挥积极作用，提高居民自我管理、自我教育、自我服务、自我监督的意识和能力，从而推动了小区和谐健康发展。通过“社区微自治”“四方共议事”机制的运行，目前辖区 13 个小区由物业公司管理，1 个小区自治管理，各小区基本和谐运行，其中 2 个小区顺利通过了自治区文明小区验收，达到“小事不出小区，大事不出社区”的目的，真正得到了群众的好评，居民满意率显著提升。

| 案例详述 |

党的十九届四中全会明确提出：“加强和创新社会治理，完善党委领导、政府负责、民主协商、社会协同、公众参与、法治保障、科技支撑的社会治理体系，建设人人有责、人人尽责、人人享有的社会治理共同体。”

平原街道党工委深入学习贯彻习近平新时代中国特色社会主义思想和党的十九大及十九届四中全会精神，有效推进基层党建向小区全面渗透，走出了一条党组织引领，“有事好商量，众人的事情由众人商量”的多元参与社区协商的基层治理新路径。

一、背景与起因

近年来，随着城镇化的快速推进，平原街道发展势头迅猛，目前辖区内楼盘小区总数达到172个，常住居民达到20余万人。楼盘小区作为社会群体的集聚点、利益关系的交会点、宏观政策的落脚点、社会矛盾的聚焦点，处于社会管理的最末梢和公共服务的最前沿。由于每个社区工作人员管理至少1000~2000人，业主之间又完全是“生人社会”，业主对小区建设持冷漠态度，不理解、不支持，形成了以下突出问题：

近年来，业主与业主、业主与物业公司、业主与开发商之间矛盾突显。棚户区脏乱差、小区乱搭乱建、乱堆乱放，安全隐患突出，街道办事处处理类似问题时投入了大量人力、物力、财力，但效果很差。

小区普遍存在政府管理不到底、公共服务不到边、多元参与不踊跃等现实难题，小区事务面临“能管的不想管、想管的管不了、该管的管不到”的现状。

平原街道办事处从2014年起坚持问题导向，不断学习、探索，转变重管理、轻治理的观念，在提高公益性服务能力的同时，切实强化居民议事协商和居民自治水平，引导居民在小区建设、管理中发挥积极的作用，为着力解决实际问题，平原街道在民主协商方面不断进行创新探索。

二、具体做法

随着党的建设的不断加强，平原街道在小区建设和管理中，以小区党小组为领导核心，充分发挥居民自治组织和红色物业的作用，通过建立微组织、微机制，实行微治理、微监督，开展微服务、微教育，走出了一条以小区“协商”微治理推动基层社会治理创新的有效途径。

（一）坚持党员引领，建立“微组织”

针对住宅小区人际交往有限、邻里关系冷漠等突出问题，将住宅小区的每个单元和平房区每10~30户建立“微组织”，把居民组织起来。首先通过网格员入户访谈、问卷调查、座谈讨论、网络征集等渠道和形式，全面掌握小区居民职业、年龄、家庭、志趣、爱好等基本情况，广泛汇聚居民群众的“微心愿”，从中切实找准群众诉求的交会点和社区矛盾的聚焦点，有效破解小区治理中群众参与不多、治理效果不佳的问题，引导居民开展邻里互助服务。通过“发掘一个、代表一群、带动一片”，在小区内营造出“民事民办、民事民治”和睦邻友好、互帮互助的良好氛围。

事例1：2014年8月25日，居民向网格负责人反映，东源新村16#、17#等6栋楼突然停电，严重影响居民正常生活，要求街道办事处、社区居委会协调物业公司立即解决。经调查发现，停电是由电缆出现问题导致的，需要更换电缆。社区工作人员与业主委员会和部分上访业主共同协商，作出以下决定：（1）协调物业公司立刻着手解决居民临时用电问题；（2）社区工作人员和业主委员会成员立即入户做解释和推选单元长工作，完善居民自治组织；（3）动用“两共资金”更换电缆过程中用工、选购材料等，必须有业主委员会和单元长参与。3天后，这件事得到圆满解决。在回访中，居民感谢街道办事处、社区居委会帮他们低成本解决了问题，并开始积极配合街道和社区工作。

事例2：中凯雅苑业主委员会与物业公司签订了3年服务合同，但服务价格一年一议。第二年续签物业服务合同时，业主委员会调查发现，绝大多数业主因经济下行、就业困难等问题要求适当降低物业服务标准和服务价格，但物业公司以人员工资未下降和物业服务资质等原因拒绝降低服务费。因难以组织全体业主召开业主大会，业主委员会召集单元长进行了商议，决定先采取调查问卷的形式征求70%以上业主的意见，再根据调查结果决定下一步协商方向。经过调查，几乎全部被调查业主都要求降低服务标准和服务价格。业主委员会据此确定了协商方向，要求物业公司降低服务标准和服务价格，与物业公司商谈时，物业公司态度强硬，若降低服务价格，会马上撤出，并要求业主委员会承担违约责任，但业主委员会也拒绝续签物业服务合同。最终协商无果，物业公司撤出。业主委员会又立即召开单元长会议，商议是继续招聘新物业公司还是自治，最终通过协商决定小区实行自治，并选出在业主委员会领导下的5位单元长组成自治委员会，自己垫资购进工具，开展物业自治。这一模式符合小区实际，已良好运行5年多。

（二）搭建居民协商议事平台，实行“微治理”

针对小区缺乏居民协商议事平台，居民想参与小区建设与管理却无地方参与的问题，为切实推动居民协商自治，在小区实行党小组领导下的“五会工作法”，使居民有地方说事，有机会参与小区治理，彻底扭转小区涉及居民利益的事项“关门作决策”、少数人说了算等局面，确保议事决策过程的民主、透明，确保决策实施公正、公开。“五会工作法”即业委会会议的常态化，社区党支部、居委会、业委会、物业“四方共议”每月至少召开一次，单元长（业主代表）会议每季度至少召开一次，居民代表和全体党员会议每半年召开一次，居民会议每年至少召开一次。

三、工作成效

通过实行社区协商“微治理”逐步健全了充满活力的基层群众自治制度，推进基层直接民主制度化、程序化与规范化，夯实了人民群众在基层群众自治中的主体地位，让更多居民参与到社会公共事务、邻里互助中来，实现了居民的自我管理、自我服务、自我教育、自我监督，居民的幸福指数不断提升，基本实现了小事不出小区、大事不出社区的目标。

四、经验与启示

（一）完善居民自治协商体系，夯实为民服务基础

一是健全自治组织体系。社区居民自治体系即三级组织网络，分别是社区居委会、小区业主委员会、以楼道为单位的自治协商小组，在社区党支部的领导下，按照各自职责开展工作。

二是规范民主自治协商行为。为保证社区民主自治协商顺利进行，必须建立和形成一套完善的工作制度与运行机制。街道办事处指导完善了

《社区居民自治章程》《社区居民公约》《社区四方共议制度》，制定了《社区居民代表会议制度》《社区协商议事工作制度》，强化了社区自治功能，让居民真正拥有“话语权”。

（二）拓展居民自治协商渠道，搭建居民参与平台

开设微信公众平台、建立微信群、QQ群，将街道办、社区居委会、社区居民、辖区服务企业紧密联系起来，实现了双向交流、互联互通，居民也可以“网上问政”，随时通过上网聊天或发帖子的方式，参与讨论如何自治、小区绿化、停车管理等发生在身边的事，为社区献计献策。充分利用社区文化活动中心，开展书画创作、棋类培训、舞蹈队、乒乓球协会、趣味运动会、健身秧歌、戏曲我唱等活动，为社区党员、居民搭建了文体熏陶的平台，让党员、居民在潜移默化中受到教育，增强了居民的自治意识。通过设立的多元化公共服务场所，定期组织开展能增进居民与居民、居民与居委会、居民与业委会、居民与物业公司的相互沟通及增强社会凝聚力和认同感、归宿感的群众性娱乐活动，让社区居民真正实现自治与协商，让社区充满生机与活力！

| 案例点评 |

该案例选取了关切社区居民自身利益的物业费问题作为协商议题。在街道党工委和社区党组织的领导下，社区居委会广泛征求多方意见与建议，不断完善居民自治协商体系，以期夯实为民服务基础；大力拓展居民自治协商渠道，旨在搭建居民参与平台，最终通过民主协商决定小区实行自治管理。

该协商案例中，基层党组织发挥了领导核心作用，社区居民实现了积极参与社区事务而满足自身需求的愿望。通过制定完善的居民自治协商体系，依托社区“协商”微治理，解决了小区停电问题和小区物业问题，协商结果具有实效性和推广性。搭建居民参与小区建设与管理的平台，让更多居民参与到社会公共事务、邻里互助中来，实现了居民自治，为推动基层社会治理创新提供了可供参考的做法和可资借鉴的经验。

治理乱停车　顺车又顺心

巴彦淖尔市乌拉特前旗乌拉山镇瑞泰社区

| 社区简介 |

瑞泰社区成立于2012年3月，辖区面积1.8平方千米，辖区内有13个住宅小区，住户6100户、16575人。瑞泰社区党群服务中心总建筑面积4810平方米，设有图书室、乒乓球室、舞蹈室等活动室和党员政治生活馆，居家养老、少儿成长等功能室，在充分发挥阵地优势的基础上，不断优化服务，成了全旗党员教育、服务群众的示范性基地。

瑞泰社区党总支着眼强化党组织政治功能和服务功能，着力构建“1+N区域化联合党委”服务圈，创新推行“三个一”党建工作法，社区党组织的政治引领能力、社会治理能力、服务群众能力不断增强。一是拧成一股绳。以社区党总支为核心，整合辖区内各领域党组织和“两新”组织，寻找社区党组织和共建单位的利益共同点，全力打造“组织联建、党员联管、资源联用、活动联办、服务联做”的区域化党建新格局。二是融为一家人。以社区党总支为中心，以共建单位为主体，以物业参与方为重点，以居民代表为关键，全力打造“四方”联动的区域化共治联合体。三是奉献一颗心。以社区党总支为轴心，整合服务力量和资源优势，构建党建引领网格化管理体系，立足“小网格”、融入“微服务”、发挥“强作用”，以群众需求为导向、以“细、准、精”为目标，全力打造共建共治共享的社会治理新格局。

近年来，瑞泰社区党总支围绕“1455”党建工作机制，本着小社区大服务的工作理念，从搭建服务平台、创新服务载体、提升服务质量入手，全面整合社区资源，拓展服务内容，全力打造综合服务型社区，让社区真正做到打通服务居民群众的最后瓶颈，整体提升群众的满意度和幸福感。

| 案例详述 |

一、基本情况

近年来，瑞泰社区在学习践行“枫桥经验”的基础上，不断创新社会治理模式，凝聚各方力量，完善调解机制，聚焦“调解组织社会化、调解手段智能化、调解方法联动化、调解机制现代化”建设，切实把矛盾化解在萌芽状态、把问题解决在基层，做到“小事不出小区、大事不出社区、难事不出镇区”工作目标，有效维护了社会和谐稳定大局。

二、主要事由

小太阳幼儿园瑞泰分园是一所民办幼儿园，坐落于瑞泰新城小区内，有幼儿 286 名，分大、中、小共计 9 个教学班，教职员工 37 名。瑞泰新城小区有居民 1114 户、2785 人。家长每日接送幼儿时，为图方便将车直接开进小区内，此时正值住户上下班高峰期，人流进出集中，部分家长停车混乱导致交通严重拥堵，居民反映强烈；车辆乱停乱放引发的刮蹭、抢车位造成的吵闹等事件的不断发生，将矛盾进一步激化。

三、协商解决过程

接到居民反映后，社区党总支及时召开会议，安排部署社区干部入户走访周边居民，了解详细情况。经过社区党总支和居委会仔细研究，多次商讨，实地查看，并召集教育局、房管局、物业公司、业主委员会和小太阳幼儿园负责人，同时邀请楼栋长、党员代表、群众代表，广泛协商议事征集意见。在讨论初期，双方对所谈问题的利益要求存在差距，争执不下，各方又都不肯作出让步，使协商会议几度陷入僵局。在社区党总支努力协调下，当事人答应各退一步，达成了接送幼儿的车辆停放在小区外的协议，让整个小区恢复了往日的宁静与和谐。

这是一个社区协商的个案，但涉及的面广、群体多、社会关注度高。这次社区协商得到了居民群众的大力支持和理解，切实解决了群众的需求。在协商过程中，社区党总支以社区倡导、实践推进、群众主导、制度规范、民主监督、网络拓展为主线，切实解决了关乎居民切身利益的事，让居民成为社区的真正“主人”，居民对社区的归属感和凝聚力得以加强，为居民自治和社区治理体系构建作了有益探索。

| 案例点评 |

该案例选取了小区内乱停车导致交通严重拥堵、家长与居民的矛盾升级问题作为协商议题。基于社区协商的理念和要求，社区党总支实地查看，及时了解情况，组织召开多方主体参与的协商会议。在社区党总支和居委会的努力协调下，在广泛征求意见的基础上，达成了接送幼儿的车辆停放在小区外的协议。

通过社区协商和居民参与，解决了关乎居民切身利益的事，让居民成为社区的真正“主人”，居民对社区的归属感和凝聚力得以加强，在社区居民中形成了协商的意识和氛围。

“骨干+机制” 共促社区和谐

巴彦淖尔市临河区西环街道四季社区

| 社区简介 |

四季社区于2010年3月成立，地处西环街道辖区南部，面积0.32平方千米，管辖区域为四季花城一区、二区、自来水家属楼，共有居民住户1714户、4825人，其中常住人口3968人，商业网点269个。近年来，社区先后成立夕阳红党支部、老党员调解室，开办“业主论坛”，围绕群众关心的热点、难点、焦点问题，深入开展“走基层、访民情、办实事、暖人心”主题活动，多次进行实地调查研究，多方听取意见和建议，主动学习借鉴先进地区成功经验。由社区夕阳红党组织牵头，组织居委会、业委会、离退休党员志愿者积极参与社区建设，共同协商解决小区公共事务，逐步建立完善了社区治理体系，共建平安、和谐、幸福社区，共享协商治理成果。四季社区先后获得区级文明社区、健康社区等荣誉。

| 案例详述 |

四季花城小区一、二区于2011年交付使用，该小区最大的特点是开发商工程质量遗留问题较多。小区交付使用后，各种问题逐渐暴露，但因超过建筑保修期限，开发商置之不理，物业公司就成了“替罪羊”，小区业主与物业公司产生矛盾较多，很多业主不配合物业工作，出现了物业服务管理乱象频生、业主怨声载道、拒交物业费等现象，致使物业服务不能正常开展，多家物业公司来之即退，三年中三易物业，形成了恶性循环。

一、协商过程

针对四季花城一区、二区物业管理方面的难题，四季社区夕阳红党组织在详细了解以上情况后，身先士卒，主动出击，开展实地调查，深入讨论研究，依靠人民之力共同协商解决了这个问题。

一是找抓手，定措施，让物业服务由乱到稳再到治。

以业主委员会为抓手，动员社区一批老同志多次与物业公司、居民群众沟通协调，并组织有担当的老党员参与其中，化解重重矛盾阻力，最终说服业委会与物业公司签订服务合同，使物业公司由前期服务走向合同化管理。

二是搞协调，化矛盾，让小区管理更加稳定和谐。

抽调夕阳红党支部骨干成员成立了两个矛盾调解小组，多次开展实地调研、上门入户走访、召开老同志座谈会、撰写致业主公开信，因户制宜，对症下药，对于业主合理诉求，凡属物业管理和服务方面的问题协调物业公司解决，并备案跟踪监督；需要政府协调解决的事项，就撰写调查报告逐级上报，多措并举化解了业主与物业服务企业间的一大批矛盾和疑难问题。此外，创建“2+2+N”工作机制，即一年两次入户抽查、一年两次听取物业公司汇报、业主常态化交流互动。通过推行该机制，业主委员会通过定期充分听取业主意见和对物业工作的评价，集中反馈诉求，寻求逐个解决办法。同时，还向上递交调查报告、及时反馈信息，提出借力帮助对策，为物业公司解决业主诉求和街道加强社区治理提供极大支持。这些年来，业主对物业服务和街道工作满意度持续提升，吵闹少了，投诉少了，成群结队上访现象消失了，广大居民群众有了更多幸福感、获得感和安全感。

二、取得的成效

在业主委员会与物业公司共同努力下，一年后小区物业服务质量有了较大改观，基本实现由乱到稳。鉴于此，业主委员会又与物业公司续签三年合同，并制定了物业服务与管理规范，促使物业服务水平逐年升级，迈上规范化、法制化轨道，再度实现由稳到治的飞跃，让业主们再无物业服务方面的烦恼，幸福的笑容洋溢在大家的脸上。

三、总结和反思

四季社区物业管理问题的成功协商是一个典型案例，更是推进社区治理的一次生动实践，既得到了广大社区群众的支持，也解决了困扰社区治理的难题，满足了群众的实际需求。在协商治理过程中，社区夕阳红党组织充分发挥了党建引领作用，勇于担当作为，敢于直面问题，勤于开展工作，广泛征求意见建议，积极化解矛盾纠纷，坚持多方共同参与，切实把社区协商落到实处，让社区治理再上新台阶，群众自治迈出一大步，团结带领干部群众携手共建美好家园，共创幸福生活，共享协商成果。

| 案例点评 |

该案例选取了社区居民的服务需求与物业公司的服务管理之间的难以协调和解决的矛盾关系问题作为协商议题。社区基层党组织通过开展“走基层、访民情、办实事、暖人心”主题活动，多次进行实地调查和研究，多方听取意见和建议，主动学习借鉴先进地区的好做法和好经验，探索出了符合本地实际和契合居民意愿的协商议事之路，即由社区夕阳红党组织牵头，组织居委会、业委会、离退休党员志愿者积极参与社区建设，共同协商解决小区公共事务，逐步建立完善了社区治理体系，共建平安、和谐、幸福社区，共享协商治理成果。

该协商案例中，针对“自管”与“物管”的利益关系，面对需求与满足的矛盾关系，社区党组织发挥了党建引领作用，敢于直面突出问题，勤于开展协商工作，广泛征求业主的意见和建议，积极化解社区矛盾或纠纷，坚持多方共同参与和协同共进，切实把社区协商落到实处与益处，让社区治理再上新台阶，居民自治迈出一大步。共建美好家园，共商社区事务，共治社区问题，共创幸福生活，共享协商成果，可谓社区协商的典型案例和社区治理的成功实践。

管理变服务　实现社区共治

巴彦淖尔市五原县隆兴昌镇新华社区

丨社区简介丨

新华社区位于五原县政府所在地隆兴昌镇中心地带，辖区有居民4166户、10876人，社区党员115人。下辖8个住宅楼房小区，有教育局等共建单位16家。

社区办公和活动场所是县蒙古族学校旧址，建筑面积2780平方米，门前新时代文明实践广场，夏季绿树成荫，是社区休闲散步、健身晨练的好去处。

针对社区特点和居民需求，社区党支部扎实推进“暖心党建”工作，汇聚融合发展多方力量，形成了“一网兜起区域大小事”的基层治理格局。

丨案例详述丨

一、实施背景

新华社区内的金信嘉园建于2008年，共有楼房17幢，居民517户。初期入住时，业主们缴了物业费，但之后就很少有人缴纳。物业费收费标准低又很难收齐，物管经营困难。2013年，物业公司选择了撤离小区。小区物业撤离后，小区中垃圾成堆，小区弃管。业主们被迫自主管理，但是自管了三年，出现了新的问题：由于下水道清理不及时，导致管道堵塞，地面塌陷；小区垃圾堆积如山，无物业管理问题尤为突出。社区党支部经过多次调查并召开会议研究，针对金信小区居民群众反映强烈、迫切要求解决的问题，将成立业主委员会列为头号协商议题予以推动实施。

二、主要做法

新华社区组织辖区党员、威信较高的居民代表多次召开会议，协商讨论金信嘉园基础卫生问题难以解决、设施设备陈旧、功能配套不全、日常管理制度不健全、广大住户对缴费的认知不到位等问题。

经居民代表多次协商，广泛听取居民群众的意见和建议，充分尊重群众意愿，决定成立业主委员会，解决小区内卫生、基础设施维护等问题。物管走了，可小区不能无人管理啊！在新华社区党支部书记的牵头组织下，选举由退休老党员郭大爷为主任的 5 名热心业主组成了业委会，并成立物业服务部，“社区、物业公司、业委会”三位一体的小区居民自治管理由此开始。而最终，小区业委会郭主任成了大家一致公认的小区物业服务部的带头人。

业主自治何以做到如此成功？郭主任介绍，自主管理小区，首先要做好资金管理。支出方面，人力成本是每月的重要支出，为了控制成本，在保证小区正常维护的情况下，小区正常管理人员都要身兼数职。

如何让业主安心？合理要求尽量满足，把管理变为服务。郭主任认为：“现在的物业服务企业，要让业主认可，就要从服务开始做。现在的业主真正当家做主，我们把管理变为服务。”小区物业服务部一开始做的事情就是“整理草坪、清理杂物、池水变清”。最初三个月下来，成效开始显现，不少业主开始主动缴纳物业费。

业主一有问题就会直接到物业服务部反映，只要是合理的建议和要求，能满足的都会满足。例如业主反映家里漏水，物业服务部则“全年无休”，下班了也上门服务。以前小区景观带的亭子顶是空的，物业服务部就花了 2000 元加盖了顶，业主下雨天也能在里面纳凉、躲雨。甚至，小区还添置了很多椅子，供业主休息使用。“换个灯泡，水龙头坏了，甚至是马桶堵了，打个电话给办公室，我们的员工跑得飞快。”

小区环境的改变业主们看在眼里、记在心里。郭主任说：“保安也时刻巡逻，三年前我们还抓到了偷电瓶的小偷。近两年从来没有发生过盗窃事件。”物业用心服务，让整个小区自治管理进入了良性循环。

如何让业主放心？收支公开透明，买扫帚都要告知业主。这么多钱放在物业服务部手里，业主们能放心吗？“我们财政公开透明，支出和收入每年都会公布出来，供业主们监督，让他们放心。”郭主任从抽屉里拿出厚厚的账本。账本的记录很详细，甚至连买扫帚 270 元、买锯刀 200 元都详细登记在册。

郭主任说，账单一年公布一次，多年来的坚持，使得业委会和业主之间建立了信任关系。小区自管以来，结余了一点钱，也全部花在了小区车位的改造上，真正把业主的钱全部用到业主身上。

三、取得的成效

2019 年 6 月，在新华社区的牵头之下，小区还是引进了正规的物业公司——家乐物业进小区，告别了业主自治的模式。“主要是为了将来的长效管理，所以还是引进了市场化的物业公司为小区服务。”物业公司负责人说。

业主委员会的成立，解决了金信小区居民基本的垃圾清运、设施日常维护、卫生监督等问题，切实把社区协商落实到位，真正实现了居民事居民议，让广大群众自我管理、自我服务，共同创造和谐美满的生活家园，共同维护良好的生活环境，充分发挥了社区党组织凝聚各方的桥梁纽带作用，为解决居民切身利益和困难问题作出表率，为提高新华社区治理工作探索出了一条新途径。

现在的金信嘉园，基础设施得到了明显改善，绿地修整了，破旧设施完善了，乱堆乱放现象没有了，楼道的安全通道也没有居民占用了。居民物业收费率达到 80%，小区环境优美，和谐稳定。居民精神文化生活丰富多彩，小区居民邻里和谐，幸福指数明显提高。

| 案例点评 |

该案例选取了如何组建业主委员会、是否引入物业服务企业、怎样处理“自管”与“物管”的关系等问题作为协商议题。面对小区内基础卫生问题难解、设施设备陈旧、功能配套不全、日常管理缺失、物业服务缺位及社区认同意识不足等现实问题，只有搭建社区协商平台，完善居民议事机制，畅通反映问题的渠道，拓宽反馈意见的途径，才能让社区居民安心、放心和舒心，才能构建美好家园、和谐社区和平安中国。

在该协商案例中，社区党组织发挥了凝聚各方利益主体的桥梁纽带作用，为解决和满足社区居民的切身利益和困难问题作出了表率，为积累社区协商经验和提升社区治理成效探索出了一条新途径。

党建引领社区协商
解决老旧小区无路灯问题

乌海市海渤湾区海北街道东山北社区

| 社区简介 |

东山北社区成立于2003年12月，辖区面积10.03平方千米，有4个小区、3片平房区，商业网点123家，居民3624户、8609人，流动人口1688人，其中60岁以上老人1689人，低保97户、143人，残障人员210人。社区党委下设11个党支部，共有党员526人，属于党员人数最多的社区，成立了乌海市第一个社区党委。

东山北社区针对辖区内的实际情况，社区党委以“党建引领、三社联动”为主导，动员社会力量，整合社会资源，共同探索走出一条围绕解决群众实际问题、实现共驻共建共享的融合发展基层治理之路。目前，东山北社区在条件艰苦、低收入群体占比较大的情况下，形成了在社区党委的核心领导下，社会各界力量（爱心联盟志愿者服务队、社会组织服务孵化中心、“全城衣家”救助站、爱心超市、社区家校共育坊、红色驿站）共同参与社区建设的良好局面。

东山北社区还成立了“红色小喇叭”广播站，开展了“爱心一对一助学”“暖冬行动”“空中课堂”“四长网格”治理体系，疫情防控“黑科技”等多项便民服务举措和志愿服务项目，继续传承“亲情服务一家亲”的精神力量。近年来，社区累计帮扶贫困家庭1191户，累计救助物资及款项115.6万元。

东山北社区多次被人民网、央视网新闻频道、中国共产党新闻网、中国社区网以及《内蒙古日报》、内蒙古电视台等媒体宣传报道，2020年以来各级各类媒体累计报道100余篇（条）。社区先后荣获全国减灾示范社区、内蒙古自治区学雷锋优秀志愿服务社区、内蒙古自治区优秀巾帼志愿者队伍、乌海市五四红旗团支部、乌海市文明社区等诸多荣誉。

| 案例详述 |

东山北社区一通厂小区始建于1994年，共有17栋多层楼房，6栋小二楼，588户居民，居住人群以一通厂破产军工企业职工为主。小区有3个党支部，党员265人。该小区属老旧小区，一直没有物业进驻。

2017年3月25日，东山北社区通过“智慧社区—党员e家”App平台“空中课堂”板块收到一通厂居民诉求，反映该老旧小区因线路老化破损路灯不亮的问题，给小区居民生活造成极大影响。3月29日，社区党委在社区会议室召开了第一次党员居民议事会，这次会议出席党员居民代表共计73人，社区拿出的方案是用为民办实事资金，采取“居民出资出力+社区补贴”的方式为一通厂小区购买安装15个太阳能路灯，588户居民每户出资20元共计11760元，社区出资40740元，15个路灯共计52500元。协商会议上，有党员居民代表提出将路灯方案公示几天，再广泛征求588户居民意见。公示期结束后，4月7日，社区党委在社区会议室召开了第二次党员居民议事会，73名党员居民代表一起讨论了588户的居民建议，大致分为3个重点：一是有56户不愿意出钱，原因是这属于公共设施，不应该由他们出钱；二是有78户居民只愿意出10元钱，认为20元太贵；三是很多居民关心太阳能路灯安装的位置，都想靠近自己家，靠近自己家就出钱，不靠近就不出钱。针对以上3个集中性重点问题，4月8日，社区党委在社区会议室召开了党员议事会，会议上党员们首先确定安装太阳能路灯的位置。一通厂小区分为东西巷道1条，南北巷道4条，大家一致认为公平起见，15个太阳能路灯每条巷道按距离安装3个。其次，针对不交钱的住户和少交费的住户，党员们应该带头交费；再由民事调解党支部党员和义工党支部党员负责挨家挨户做思想工作。最后，明确路灯收费工作由 3 个党支部负责，每个党支部承担 196 户的收费工作。

4 月 10 日，社区党委召开了一通厂小区业主大会，一是会议上社区党委书记通报了太阳能路灯安装的位置；二是社区请到派出所的同志给大家耐心讲解了因小区里没有路灯一片漆黑，人身财产安全受到严重损害的实际案例和安装太阳能路灯的重要性。

4 月 11 日，社区党委 3 个党支部正式启动太阳能路灯收费工作，党员们带头交费后，挨家挨户上门做工作收费。5 月 17 日，收费完毕，588 户居民全部交费。6 月 30 日，一通厂老旧小区安装了 15 个 LED 太阳能路灯。

东山北社区一通厂小区太阳能路灯的社区协商案例，是社区党委充分发挥了党支部和党员的模范带头作用。社区党委以“亲情服务一家亲”服务理念扎实推进社区协商工作，提升社区服务水平，完善德治、法治、自治“三治合一”的社区治理体系，为民办实事、办好事，让党员群众感受到党的关怀与温暖。

| 案例点评 |

该案例选取了老旧小区因线路老化、年久失修、破损严重导致路灯不亮的问题作为协商议题。在社区党委的领导下，先后召开两次党员居民议事会、小区业主大会，广泛征求居民需求与意见，充分发挥基层党组织的战斗堡垒作用和党员的先锋模范作用，最终 588 户居民全部交费，小区顺利安装太阳能路灯，解决了长期困扰居民日常生活与出行安全的问题。

该协商案例中，通过多次征求居民意见、充分协商沟通与相互交流、党员带头做群众工作等方式，最终形成有效的解决方案。通过民主协商，社区与居民共同解决社区面临的公共问题，加强了居民对社区的归属感和认同感，强化了社区居民“社区是我家，建设靠大家”的意识，提高了居民参与社区自治活动、推进社区建设与发展的主动性和积极性。

党建引领方向　社区协商落地

乌海市海渤湾区凤凰岭街道蓝天社区

| 社区简介 |

蓝天社区成立于2009年，辖区面积0.67平方千米，所辖10个住宅小区，辖区总户数5645户、9765人，其中流动人口1240人，60岁以上老人1075人，低保户59户、91人，残障人口99人；社区在册党员152人，在职党员130人，离退休党员91人。

社区设有社区服务综合大厅、社会管理综合治理工作站、图书室、电子阅览室、书画室、文体活动中心、青少年活动室、创业培训室、多功能会议室、心理咨询室等14个功能室，提供给社区居民使用。

蓝天社区党委以“传承传统文化”为社区特色，将关爱未成年人等日常工作与传承传统文化相结合，以传统文化铸魂、特色活动提神，搭建独具一格的文化活动平台，用鲜明的主题文化拉近党群干群关系，激发基层工作文明向上的活力。

| 案例详述 |

一、协商主体

社区党组织和居委会、小区业委会、居民代表、物业公司。

二、协商方式

蓝天社区在推进基层治理过程中，为切实解决好涉及群众关心的热点和难点问题，逐步建立完善了党建引领社区协商共同体机制。党建引领，由社区党组织牵头，居委会、小区业委会、居民代表、物业公司共同协商解决小区公共事务，共建和谐社区，共享治理成果。

三、协商过程

（一）中孚新村为老旧小区，居民到社区反映下水管道老化，渗水井经常堵塞外溢，严重影响了小区居民的生活，给居民生活带来不便，还有树木浇水不及时导致干枯问题。居民希望由社区协调解决这些问题。

蓝天社区党委书记及相关工作人员到中孚新村进行实地勘察后，于2018年5月14日召开了推荐物业管理居民协商会议。参加会议的有蓝天社区党委、办事处调委会、物业项目经理、业委会和居民代表，就中孚新村如何解决居民下水井堵塞问题和树木干枯问题进行讨论，提出解决方案。物业公司认为，本小区在物业收费低的情况下仍在进行清掏污水井；居民认为，物业公司有问题只是简单处理，处理不彻底导致问题发生。后经过蓝天社区党委书记提议，由物业公司对排污井进行彻底清掏一次，由居民实施监督，假如清掏后堵塞现象还频繁发生，以后由居民集资，物业公司补贴的方式进行改造；树木浇水由物业公司负责。此建议得到了大家的一致认可，物业公司和居民握手言和。问题得到了彻底解决，改善了居民们的生活环境。

（二）2018年2月2日，社区工作人员通过“五步工作法”，了解到三金B区渗水井堵塞问题。三金B区属老旧小区，下水管道老化，渗水井经常堵塞外溢，严重影响了小区居民的日常生活，给居民出行带来诸多不便，味道非常难闻且存在安全隐患。蓝天社区党委书记及相关工作人员，对三金B区进行实地勘察后，社区党委组织居民代表和业主委员会及小区物业公司、派出所、市场监督管理局、人大代表，共同协商如何解决居民区渗水井堵塞问题，讨论解决方案。业主委员会和居民代表提出由物业公司牵头，由商户集资进行维修。渗水井堵塞问题多数是由于外围商铺排污量大引起的，蓝天社区提议成立联合小组对商铺做工作，得到了大家一致同意。经过一周的工作，所有商铺都把钱交给了物业公司，由物业公司对渗水井进行维修。这项工作既改善了居民们的生活环境，也得到了居民的一致好评。

四、协商成果

截至2018年底，结合“五步工作法”已发现解决问题113件，入户为居民代办个人事项163件，解决居民诉求95件，发放便民服务指南1000余册，入户率达97%。录入“四级联动平台”办理个人事项142件，开具六项证明268件，司法调解2件，法律援助1人；受理“12345”市民热线和数字城管派件88件，已办87件，办结率98.86%。努力为民做好小事实事，体现了社区工作的着力点和落脚点。另外，针对困境居民、失业人员和困难党员，社区党组织尽量为其解决实际困难，使他们感受到组织的关怀和温暖。做实为民服务的内涵与质量，完善党建引领社区协商机制，将民主协商融入居民的点滴生活，让基层党员把身边的难事、居民家中的琐碎事、社区的大事集中反映给社区党委，使居民反映问题有渠道，党委解决事情有抓手，党员发挥作用有载体，激发了党员的服务热情，提升了居民对社区的认可度和满意度，有效破解了社区治理难题。

| 案例点评 |

该案例选取了广大社区居民关切的下水管道老化、渗水井经常堵塞外溢、树木干枯等给居民生活带来不便的问题作为协商议题。在社区党组织的领导和社区居委会的协调下，既广泛征求了多方利益主体的意见与建议，也充分遵循了社区协商的步骤或流程，最后协商一致，达成共识：由居民监督，物业公司对排污井进行彻底清理，若清理后再次出现渗水井堵塞情况，则由居民集资、物业公司补贴的方式进行改造；树木由物业公司负责浇水保护。

在该协商案例中，我们看到了居民反映问题有渠道，党委解决事情有抓手，党员发挥作用有载体，激发了党员的服务热情，提升了社区居民对基层党组织的认可度和满意度，有效破解了社区治理难题。

党建引领　统筹协调
协商解决居民身边事

乌海市乌达区巴音赛街道

| 社区简介 |

巴音赛街道位于乌达区主城区，辖先锋、团结、幸福3个社区，总面积8.29平方千米，驻辖区单位46家，居民住宅小区35个，居民12255户，有常住人口29698人（其中户籍人口18187人）。街道党工委下设党组织7个，在册党员567名，在职党员657名。

巴音赛街道按照精简机构设置、优化体制机制原则，街道对内部机构进行重新设置为“5+1”模式，具体设置如下：完成5个内设机构的设置，即党政综合办公室、基层党建办公室、社会事务办公室、城市管理办公室、平安建设办公室；组织建立党群服务中心（挂便民服务中心、退役军人服务站、新时代文明实践所牌子）。

| 案例详述 |

2019年8月，乌海市出现持续强降雨天气，受降雨影响，乌达区巴音赛街道办事处发现团南二街坊、团结南路、科技园小区南侧，沿途近2千米排洪沟排水不畅，导致此区域内共有十几处道路严重损坏，洪水冲刷过的道路沟壑或深或浅，石块裸露在外，给居民出行带来不便，存在较大的安全隐患，辖区居民反映强烈，要求街道办事处尽快解决。

一、具体做法

为了尽快恢复道路原貌，解决居民出行难的问题，街道党工委召开专题会议，对如何维修排洪沟，如何满足居民出行进行了事前分析研判。通过会议研究决定启用“片长制”城市管理模式，通过“一事一议”形式召集各社区、“片长制”责任单位、包联共建单位负责人、居民代表就雨后道路整治工作进行协商研讨。次日，在团结社区进行了一场别开生面的协商研讨会，街道办事处就社区的总体受损状况和居民反映强烈突出的问题向“片长制”责任单位和包联单位作了情况介绍，居民代表积极发言就如何维修谈了各自看法。“片长制”责任单位、包联共建单位负责人通过与居民代表协商，提出解决方案，会议决定要充分发挥“片长制”责任单位、包联共建单位职责积极整治受损道路，确保居民顺畅出行，实现为民服务的零距离、全覆盖，得到了广大居民的认可。

二、工作启示

通过组织社区、“片长制”责任单位、包联共建单位负责人、居民代表协商研判，充分发挥“片长制”责任单位、包联共建单位积极作用，变被动答复延伸为主动服务，切实提高工作效能，打通服务居民“最后一公里”。

通过划片而治，督促街道、社区与各民生部门实现“跨界”服务总动员，将“接转问题、上报问题、逐级审批”的被动管理方式转变为“发现问题、跟踪问题、处置问题、反馈结果”的主动服务方式，有效减少了因管理层级过多使问题得不到及时解决的情况。“片长制”推行以来，成功搭建了党员、部门、群众互动平台，打通了服务群众“最后一公里”，“有事找片长”成为常态口号，一批群众关心的问题真正在网格内解决。通过“吹哨”式管理，实实在在地提高了问题的处置效率。

三、工作经验

亮身份、列清单，稳定片区格局。依托网格，将街道划分为 13 个片区，实行“三级四长”管理体系，通过三级副片长直接处置、三级片长日常巡查、二级片长督办落实、一级片长统筹协调的联动机制层层推进，组成社会治理专业队伍，在辖区中叫响“有事找片长”口号，奠定片区稳定基础。

强队伍、共发力，注重多元治理。在“三级四长”管理体系的基础上，致力于壮大基层治理“N员”队伍，动态引入15个民生部门作为副片长直接处置、解决群众利益和需求问题，同时积极发动党员中心户、业委会、物业公司、楼栋长、志愿者等力量，广泛宣传惠民政策，针对片区发展存在的软、硬指标问题，共同研究制订个性化治理方案，补齐“短板”，优化片区发展结构。

讲政策，解问题，简化办事层级。由“三级四长N员”作为直接宣传者，在入户过程中将本部门各项政策精准传达，为群众答疑解惑，并就收集到的社情民意“就地解决”直接进行处置，免去层层反馈的中间环节。自“片长制”运行以来，解决了辖区枯树倾倒安全隐患、高空飞线整治、街路标示线损毁、老旧小区节能改造等100余个关注度较高的民生问题；对于“9·1”暴雨道路损毁重建、朗峰物业撤离与更换、独栋小区合并治理等重大城市建设问题，各部门副片长合力召开现场会，研究制订解决方案，确保掌握第一手资料的干部靠前指挥，直接参与问题处置。

勤联席，严考核，促进群众满意。在研究解决问题和谋划片区发展上，街道办事处和各部门从“单打独斗”向联合发力转变，定期召开联席会。街道办组织召开11次联席会，各部门、单位同频共振，合力破除城市管理整治顽疾，把群众的满意度作为检验标准，以压力促动力，注重城市发展全要素互动，形成全区治理“组合拳”，真正实现城市跨界整体性治理。

在各级片长和相关人员的共同努力下，几年时间辖区整体面貌焕然一新，平房区巷道实现了硬化全覆盖，住宅小区私搭乱建、空中飞线等不文明行为得到全面有效治理，建成了团结小广场、便民河槽、金三角泄洪渠等一批民生工程和景观工程，居民群众生产、生活中的实际问题和困难得到有效解决，居住环境明显改善，居民满意度不断提升。

| 案例点评 |

该案例选取了排洪沟排水不畅、物业服务缺位、社区环境不良等关乎居民利益问题作为协商议题。在街道党工委的领导下，启用“片长制”城市管理模式，通过“片长制”责任单位、包联共建单位负责人与居民代表协商，提出了妥善的解决方案，为社区居民排忧解难，取得工作实效，赢得居民信任。

居民利益无小事，社区协商解难题。以居民区排洪沟排水不畅问题为例，如果相关部门或单位没有明确的分工和职责，容易导致各相关单位的互相推诿，推卸责任；如果社区居民缺乏积极的参与和协商，易于积攒更多样的问题、激化更深层的矛盾，不利于社会稳定的大局、基层治理的布局和民主协商的时局。

该社区协商的体制机制及工作经验启示我们：在具体实施过程中，尚缺乏对“片长制”责任单位和包联共建单位的评价考核机制，容易导致各责任部门积极性不高，联席会议形同虚设，不能真正解决群众普遍关心、反映强烈、迫切希望解决的突出问题。

民主协商解难题　居民自治促和谐

乌海市乌达区梁家沟街道民达社区

| 社区简介 |

民达社区于2009年底由民达西路社区和民达东路社区合并而成，辖区内有独栋楼56栋，平房街坊4个，小区6个（包含47栋楼），商业集中区2处，便民市场1处，宗教场所2处，辖区面积约2.5平方千米。

辖区有常住居民3686户、8968人，其中少数民族671人，低保户44户77人；60岁以上老年人1341人，80岁以上的老年人194人，老年人占总人口的17%；流动人口276户、717人。社区有党员179名。辖区有各类商业网点543户，北京师范大学乌海附属学校、第三幼儿园等企（事）业单位27家。

社区办公和居民活动用房建筑面积450平方米，包含业务办理综合大厅、会议室、市民学校、图书室、心理咨询室、矛盾纠纷调解室、志愿者服务站等功能室。社区先后组建了黄杨树合唱团、夕阳红舞蹈队、瑜伽协会、广场舞协会等10余支文体协会队伍，为丰富社区居民的业余文化生活，提高居民文化素质起到了积极的推动作用。

社区先后荣获“全国无邪教”创建示范社区，乌海市民族团结进步创建示范社区，市、区两级精神文明社区等荣誉称号。

| 案例详述 |

民达社区以“党建引领、多元协商”为核心，以推进“双创”工作为契机，以“凝聚民心，服务百姓，构建和谐民达”为目标，坚持居民的事居民议，大家的事大家办，一起磋商、协调居民反映的热点难点问题，着力打造社区居委会为主导，居民为主体，辖区单位和社会组织共同参与的议事协商体系，着力在拓展协商主体、明确协商内容、规范协商程序、运用协商成果等方面下功夫，形成共建共治共享的社会治理新格局。

一、背景与原因

自2008年，辖区浩业小区在原地拆迁新建后，小区北侧外围遗留拆迁空地一片，面积约1000平方米，土地裸露、地面坑洼不平、车辆乱停乱放，不时出现原来地下管道造成的地面塌陷，同时由于这片空地紧临道路，来往居民较多，所以存在较大安全隐患，严重影响辖区市容市貌。

二、协商过程

首先，通过对社区工作人员日常入户时向居民主动询问收集和社区的民情工作室接待台账两个渠道汇总上来的问题进行统计，召开了居民民主议事会，讨论汇集上来的问题，从迫切程度、可操作性、完成可能性等方面确定议题——“改造辖区工商银行门口裸露土地”，并上报街道党工委研究决策。其次，由社区居委会牵头邀请市政管理局代表、街道办事处代表、居民代表、改造位置邻近商铺代表、党员代表，经过实地考察调研和座谈协商两种方式共同参与讨论改造方案、资金来源等问题，最后由社区居委会组织实施，由社区监督委员会、社区议事小组、居民代表、党员代表共同监督实施。最终在2019年9月将这片空地改造成为一处健身娱乐小广场，其上设有简易表演背景墙、室外健身器材、休闲长凳、造型宣传栏，消除了安全隐患，美化了市容市貌，为居民提供了健身、表演场地，为社区增加了宣传阵地。

三、工作经验

在开展社区协商的实践过程中，积极融入治理理念，以社区居民为参与主体，以社区协商议事会为平台，以楼栋长和居民代表为切入点，以辖区自治组织和志愿者队伍为依托，建立多方参与的协商合作机制。楼栋长和居民代表队伍的选拔都是经过居民推荐、社区公开选举产生的，其中主要有退休党员、退休居民、热心居民、社区志愿者队伍的骨干等，他们大多数具有比较高的文化素养和参与意识，拥有相对充足的时间，在社区居民心中具有较高的威望，所以在社区协商实践的开展过程中，他们能够在前期收集民意、中期协商议事、后期监督管理中发挥自己独特的作用，从而能够应对老旧社区治理中常见的治理难题。社区通过建立楼栋长和居民代表监督管理队伍，赋权给社区居民，使得社区协商不再局限于社区协商议事大会的召开，而是将社区居民的参与贯穿于整个协商过程中，不仅有效解决了社区动员不足、居民参与度不够的问题，还将社区协商转化成治理方式向平行式转变的衔接机制，有效解决了治理方式转变过程中市场责任机制缺失，社区其他治理主体角色缺位的难题。

由于老旧小区自身的特殊性，造成了老旧小区问题多样化。社区问题的治理涉及不同的利益群体，造成了社区利益关系的复杂化，单一的治理方式和协商机制难以满足老旧小区的治理需求。民达社区采取逐级分管、多层协商的治理办法，将社区议题分散化讨论，最终形成有效的解决方案，促进这一治理难题的有效解决。在协商工作开展初期，通过实际走访调研，广泛征求居民需求与意见，通常会以召开居民代表和楼栋长大会的形式，或者是联系社区的自治组织号召居民来表达需求。中期的协商工作集中于协商议事平台的使用，即通过召开不同类型的社区协商议事会号召居民积极献言献策。针对社区协商的问题，社区通常要以协商议事平台来引导居民参与，经过一轮或者多轮协商，最终形成初步协商方案。后期主要对方案进行评估，即在社区协商过后，社区居委会组织辖区单位代表和居民代表对形成的方案进行评估，评估过后开始实施方案，居民代表和辖区自治组织可以成立专门的监督小组进行监督和跟进。这种协商模式相比较传统的做法有了很大的改变，不再仅仅围绕社区居委会和居民代表进行协商，而是加入社区社会组织、志愿者队伍，协商议事的层次性和顺序性更加明显，协商的问题不再局限于社区问题的解决，逐渐转向社区建设和发展问题。

四、对老旧小区开展社区民主协商的工作思考

一是优化政策环境，厘清主体责任。社区协商实践强调多元主体参与，但不能因此忽视和否认政府部门在社区协商中的地位和作用。创新和完善社会治理体制机制，加强和发展居民参与为主体的社区协商议事工作，必须要贯彻落实党的方针和政策，始终坚持街道党工委和社区党委的领导作用。二是加强监管力度，完善协商机制。社区协商实践是一个从明确居民需求、号召居民参与社区协商议事会议、开展实际问题解决工作到问题的解决和后续发展的完整、连续的过程。通过社区协商与社区成员一同制订协商方案来解决社区面临的公共问题，协商方案的实施和协商机制的可持续发展就离不开监督环节。社区要加强监督力度，完善社区成员参与社区协商的途径，保障社区协商的良好和可持续性运作，这是推动社区治理机制创新，构建社区共建共治共享格局的重要发展方向。

社区民主协商，调动了党员、群众的积极性和主动性，得到了居民的支持和帮助，民主协商已成为社区工作的有效载体，对于加强和改进社区党组织服务群众工作，满足社区居民多样化需求，提高居民生活质量，促进社会和谐，起到了积极的推动作用。

| 案例点评 |

该案例选取了社区居民关心的小区拆迁新建后，小区外围遗留的一片空地没有进行硬化处理而带来了较大的安全隐患，并对市容市貌造成了不良影响的问题，将“改造辖区工商银行门口裸露土地”作为协商议题。在基层党组织的领导下，在广泛征求多方意见与建议的基础上，通过确定切实的协商议题与主题、突出的协商内容与形式，遵循较为完整的协商流程，形成了将这片空地改造成为健身娱乐小广场的共识，并在此广场安装

了表演背景墙、室外健身器材、休闲长凳、造型宣传栏等，消除了安全隐患，为居民的日常生活和活动提供了便利，美化了市容市貌。

该协商案例中，协商议题的征集具有广泛性、协商主题的选取具有实效性，协商流程符合规定，协商结果具有可操作性。如果社区协商工作做到精细、精到和精准，那么社区治理的共建共治共享目标指日可待！

居民协商议事　社区更加和美

阿拉善盟阿拉善左旗新华街道健康花园社区

| 社区简介 |

健康花园社区成立于2002年，辖区面积0.21平方千米，位于巴彦浩特旧城区，共有7个网格，总户数1336户，总人口3452人，其中常住户1110户、2756人，流动人口256户、771人，低保户6户、10人。辖区驻有行政部门、企事业单位6个，商业网点630家，个体医疗服务中心2家，封闭式小区1个。社区党委所辖4个党支部，党员135名。

近年来，健康花园社区不断完善服务功能，创新服务载体，增强社区党组织的凝聚力和战斗力，为建设管理有序、文明和谐的新型社区奠定了坚实基础。社区先后荣获“内蒙古自治区先进基层党组织”“阿拉善盟级平安稳定创建先进集体”“阿拉善左旗安全社区”等荣誉称号，并被内蒙古自治区纪委监委确定为“社区廉政文化建设示范点”。

| 案例详述 |

健康花园社区通过召开党员、居民代表大会及协商议事会，建立协调联动机制，共同解决了社区治理过程中的难点和热点问题，形成了以社区党组织为核心，社区居委会为主体，社区居民、业委会、物业公司、驻区单位、群众团体、社会组织等共同参与的基层民主协商、共同治理模式，全力营造安定有序、和谐幸福的宜居环境。

一、民主协商的主要做法

（一）确定民主协商议事会主题

一是问题具有广泛性。社区工作人员通过入户、微信群、人大代表接访等形式收集到各方面居民关心的议题并认真研究，对涉及大多数人利益的事务列入议事范围。

二是会议程序规范化。社区民主协商议事会严格按照会议主题选定、会议准备、召开、制订方案、上报、公示、执行7个阶段的工作步骤，将所有涉及大多数居民利益的重大事项的确定、讨论、实施情况全程向居民公开，接受群众监督。

（二）拓宽渠道、广泛参与

一是民主协商议事会主题收集渠道的多样性。定期走访，与群众交朋友，说心事、解心结。同时，社区利用微信平台等新媒体，围绕居民群众关心的热点、难点问题，广泛收集社情民意。

二是参与议事的广泛性。民主协商议事会召开时由社区党委牵头，社区居委会召集，邀请党员、居民代表、人大代表、共治共建单位、辖区社会组织代表等，采取民主协商、多方听证等方式，共同商议社区的重大事项。如兰星公司天然气遗留问题、小区健身小游园的建设、南大街基础设施的改造等，组织各方代表充分沟通协商，并邀请司法所相关人员把关，避免出现程序的不合法，进一步促进了邻里和谐。

二、民主协商典型案例

1. 10年前，因兰星燃气公司中途退出，遗留问题无法解决，造成其他燃气公司无法进入，健康花园小区居民使用天然气成了问题，天然气入户工程难以实施。社区党委成立后，对这一历史遗留问题高度重视，第一时间组织党员、居民代表积极参加街道“两代表一委员”会议，通过各种渠道向上反映天然气改造问题，同时上报旗委、政府。旗委、政府领导高度重视，积极协调各有关部门，将解决这一历史遗留问题列入议事日程。

社区组织开展了调查，了解存在的问题：一是之前无人统计过同意安装天然气的居民占比，且部分居民习惯使用气罐或居民用电解决问题，同意安装天然气的居民比例达不到安装标准。二是原来兰星公司安装的管道存在安全隐患，昆仑燃气公司不能够使用这些管道，同时拆除这些管道又需要投入资金。

社区党委组织小区业主委员会、物业公司积极走访入户，摸底调查居民安装天然气的意愿，并从保障长久安全的角度做居民的思想工作，最终同意安装天然气的居民超过了 80%，达到了小区天然气安装条件。针对第二个问题，社区组织召开了党员、居民民主协商议事会，经过研究讨论决定，由业主委员会委托物业公司聘用拆装队，将原有管道拆除，为下一步安装工程打下基础。最后经过各级领导、各部门协同作战，2018 年 9 月健康花园社区居民日夜盼望的天然气问题终于得到解决。

2. 社区“两委”在调研走访过程中，征集到社区小广场现有健身器材老旧破损单一、缺少老人及儿童的休闲文化娱乐场所等居民诉求。

社区及时组织召开了党员、居民民主协商议事会，研究决定使用社区党组织服务群众专项资金 40 余万元在健康花园小区唯一的一处空地上建设健身小游园，并将协商结果进行公示。经过两个月的筹备和施工，对原有设施较为单一的小广场进行提升改造，添置凉亭、休闲座椅及儿童游乐设施。如今健身休闲小游园已成为社区居民纳凉避暑的休闲娱乐场所，不少老人带着小孩前来玩耍，在凉亭里闲聚、聊天、下棋，居民们一提到健身小游园都赞不绝口。

社区还根据微信群里居民的意见，积极协调阿拉善左旗青少年活动中心教师义务在小区游园旁的空墙上进行了创意绘画，为小区增加了一道亮丽风景。

3. 社区“两委”召开党员、居民民主协商议事会，广泛征求居民意见后，使用服务群众专项资金实施了南大街防汛排水工程、南大街小巷道硬化工程，解决了汛期南大街居民出行困难的问题。

4. 为了更好地为社区居民服务，社区“两委”建立了社区居民互动微信群，让居民有了建言献策、参与社区治理的平台。虽然居民在微信群里反映的大都是些家长里短、鸡毛蒜皮的小事儿，但是在社区党委、居委会干部的心里，群众的小事就是他们的头等大事。在 2018 年 11 月召开党员、居民议事会时，有不少居民反映，健康花园小区的几个大门由于年久失修，已经破烂不堪，既影响环境美观，又存在安全隐患。

社区“两委”接到群众反映后，积极联系健康花园小区文明城市创建包联单位——阿拉善左旗法院，希望能够帮助解决这一困难。经过多次协调及街道办事处、阿拉善左旗法院大力支持，最终法院斥资 6 万余元，为健康花园小区更换了三扇新的大门。

三、社区民主协商总结

通过党员、居民民主协商虽然解决的都是小事情、小问题，但拉近社区与居民群众关系的作用却是巨大的，让广大党员在社区发挥先锋模范作用，同时带动居民参与自治的积极性。金杯银杯不如老百姓的口碑，金奖银奖不如老百姓的夸奖。和谐是一种美，为了“和美”两个字，健康花园社区和许许多多的社区居民，都在努力地付出自己的辛勤和汗水。如今的健康花园社区，休闲的群众谈笑风生，居民尽情享受社区的和美与生活的惬意，时时是忙碌而快乐的身影，处处是甜蜜而醉人的笑脸……洋溢着和美新风的健康花园社区，真正成为居民安居的乐园。

| 案例点评 |

该案例选取了多个社区居民关心的话题，如天然气入户、社区健身器材老旧且缺乏休闲娱乐场所、防汛排水工程及小区大门安全隐患等问题作为协商议题。在社区“两委”领导和组织下，广泛而深入地征求多方意见与建议，及时而准确地确定社区协商的议题与主题，严肃而规范地遵循民主议事的步骤与流程，形成了妥善而切实的解决方案与协商成果，赢得了社区居民的满意与赞许。

该协商案例中，充分发挥了社区党组织的核心作用和社区居委会的自治功能，真正体悟到了“金杯银杯不如老百姓的口碑，金奖银奖不如老百姓的夸奖”的含义与意义。

有事好商量　协商促民主

阿拉善盟阿拉善左旗吉兰泰镇乌兰布和社区

| 社区简介 |

乌兰布和社区成立于2003年7月，辖区面积3平方千米，共有居民605户、2050人，其中少数民族102户、164人。现有营业网点96个，驻社区企事业单位6家。社区有低保户6户、8人，残障人员22户、24人。

社区设有集文化娱乐、党员活动、图书阅览、退役军人活动、妇女儿童活动、作品展览为一体的多功能社区服务中心。针对居民群众的不同文化需求，提供内容丰富、形式多样、健康有益的文化活动。

社区先后获得阿拉善盟庆“七一”党支部活力赛先进集体、阿拉善左旗维护妇女儿童权益先进集体等荣誉称号。

| 案例详述 |

乌兰布和社区自2014年开展社区协商民主议事工作以来，把涉及居民利益的大小事情通过协商民主的形式进行解决，形成“民事、民议、民决”的良好氛围。

一、案例背景

吉兰泰镇是阿拉善左旗北部老旧工业重镇，几十年来，许多老旧楼房都存在着管道老化、腐蚀严重的情况，每年冬季到来则事故频发，因管道跑气、漏水、锅炉检修等原因暖气停供抢修的事故每年都有发生，严重影响到居民正常取暖。为切实解决好居民关心的热点和难点问题，充分发挥社区党建工作引领社区治理，社区采取了引导居民参与集中协商、跟踪督办、及时反馈信息等办法解决问题。

二、主要事由

工行家属楼是1996年建造的，本是工商银行为本单位职工筹建的家属楼，但因工商银行机构缩减，吉兰泰工商银行撤销并入阿拉善左旗工商银行，工作人员撤走，原家属楼全部卖给了当地居民。之前楼房取暖是由吉兰泰盐场的锅炉集中供暖，但由于环保不达标，加之企业按照相关政策将“三公一业”推向社会，拆除了原有的供热设备，由镇政府通过招商引资中标企业接替原来的集中供热。供热项目原本是三年的工程，第一期供热主要集中在盐、碱两个大企业原有集中供热的住宅范围内，工行家属楼不在第一期供热范围内。10月中旬是西北开始取暖季（每年10月中旬至次年4月中旬，长达6个月的时间，冬季夜晚最低温度在零下38摄氏度以下），楼房接不上大暖比较阴冷，又无法用炭火炉取暖，居民只能以“小太阳”、电暖气来取暖。遇到停电，只能坐在床上围着被子，部分老人、小孩因忽冷忽热相继出现不同程度的感冒。为此，居民意见很大，多次向社区“两委”反映，甚至个别居民到镇政府找书记、镇长要求尽快解决问题。

三、协商解决过程

社区居委会收到居民群众的问题诉求后，社区党支部、居委会及时召开“两委”班子成员会议，认真研究讨论群众提出的问题，经过多次实地查看和走访居民群众，详细了解居民的主要诉求和主张，居委会及时制订出解决问题的初步方案，最终决定按照协商民主议事程序，召开社区居民代表民主协商议事会议。由社区党支部牵头，社区协商议事委员会（居民代表）提议，召开了社区民主协商议事会议。会议由社区居民委员会召集，社区党支部书记主持，邀请镇政府分管领导、政府各相关职能部门和企业负责人、旗镇两级“两代表一委员”、社区居民代表及社区“两委”班子成员参加，并特邀社区居民监督委员会成员列席，共同商讨解决问题。按照协商民主议事程序，社区居委会主任首先向与会人员介绍了对相关问题的调查情况和社区“两委”讨论解决问题的初步方案，镇政府、企业负责人对相关问题作了简要说明，居民代表讲述了因供暖问题造成的许多困难及诉求。然后，大家依次发表各自的观点和看法，各抒己见，以期提出解决的办法。

经过多次讨论协商，四方代表（社区、政府、企业、居民）坐在一起，充分发扬民主，在达成目标一致、相互理解、相互支持的基础上，采纳代表们提出的合理化建议，最终协商议定：由于现已开始集中注水供暖，更新老旧管道已经来不及了，先将工行家属楼原有的管道连接在热力公司现已更新完成的管网上，待这个采暖期结束后，在下一个采暖期到来之前，对全部的老旧管道进行更新，并针对这个供暖期老旧管道的日常维护还专门指派一名维修工作人员暂时负责，保证整栋楼的居民能够度过一个温暖的冬天。

这个协商案例，涉及居民切身利益，关注度比较高。通过这次社区协商议事，有效解决了居民的实际问题和诉求，充分发挥了社区党支部牵头引领的作用。对于社区协商议事会议，不回避矛盾，不久拖不办，积极主动接纳问题事件，采取规范化的协商流程，广泛听取各方面的意见和建议，充分体现了居民意愿，多方参与，民事、民议、民决的社区民主协商议事制度，切实把社区协商议事落实到位，为创建和谐美好社区打下了坚实基础。

| 案例点评 |

该案例选取了社区居民关注的社区老旧管道事故频发而影响居民取暖的问题作为协商议题。在社区“两委”的领导和安排下，在广泛征求多方意见的基础上，社区、政府、企业、居民四方代表参与协商会议，明确了协商的议题，遵循了协商的流程，提出了多方认同的方案，形成了居民满意的结果。

该协商案例中，汇集了居民们的生活诉求，采纳了代表们的合理化建议，最终达成了由企业在下个采暖期到来前，对全部的老旧管道进行更新的共识，妥善解决了小区居民供暖问题。社区党组织的领导作用，社区居委会的协调功能，社区居民的利益诉求，体现在社区协商的体制机制里，展示在民主议事的具体过程中，营造了和谐的社区关系，打造了和美的社区氛围。

发挥党建引领作用　促进居民协商议事

阿拉善盟阿拉善左旗巴彦浩特新华街道民族街社区

| 社区简介 |

民族街社区是一个少数民族聚居社区，辖区有居民 2245 户、5200 人，其中少数民族 1692 人，以蒙古族、回族居多，占社区总人口的 38.5%，还有藏族、满族、维吾尔族等少数民族。社区党委下设离退休党支部 3 个，共有党员 133 名，平均年龄 60 岁。社区设有一站式服务大厅，建有党员活动室、警务室、妇女之家、民族团结厅、图书阅览室等活动室。

社区成立至今，紧密结合离退休干部多、党员多的特点，把党建引领工作与社区日常工作相结合，曾荣获阿拉善盟离退休干部先进集体等荣誉。

| 案例详述 |

民族街社区始终坚持以党建工作为引领，以提升自治能力和服务水平为目标，充分利用协商议事手段，解决居民需求问题，引导居民树立以协商方式解决社区问题的观念，引领居民有序参与社区建设，推进社区治理和服务工作不断创新。

一、主要做法

一是选题定事。社区通过入户走访、党员大会、居民大会、人大接访等方式，收集困扰群众生活的难点问题，经过认真研究，严格甄别，将涉及公共设施、公共服务、居民安全的事项列入协商议事的主要议题。

二是调研明事。对列入协商议事的事项有针对性地开展走访调研，把事情的来龙去脉搞清楚，把矛盾的主要方面弄明白，为下一步协商议事打好基础。

三是召开协商议事会。以居民为中心，把被动变主动，把“为民做主”变为“由民做主”。在协商议事过程中尽量拓宽参与范围，把问题涉及的双方或多方都请到一起，采取民主协商、共同商议的方式，充分听取各方意见，寻求平衡点，作出让大多数群众认可的决定，达到多方满意的效果。

四是公示结果。对协商结果以文字形式通过微信公众号和公示栏向辖区所有居民群众公示，接受居民监督。

五是督促落实。社区党委作为协商组织者主动监督、督促各方，确保协商结果的落实。

二、典型案例

通过多方协商，解决百悦兰廷小区居民集中供暖问题。百悦兰廷小区位于石博园南侧，建成于 2013 年，拥有房屋 440 套，2014 年初有居民陆续入住，截至 2015 年入住率达到了 70%左右。由于后期开发商资金链断裂，而集中供暖入网费需要资金数额较大，开发商为了解决居民供暖问题安装了一套天然气供暖设备（该设备所需资金少），天然气供暖相较于集中供暖费用大幅上升，却不能保证室内温度。百悦兰廷居民自 2015 年起每年按照集中供暖费用缴纳采暖费，但是这些费用仅够提供 4 个月左右供暖服务，故这些居民每年 11 月中旬才能供上暖，次年 2 月底就提前停暖了。百悦兰廷居民为此多次与开发商协商，因开发商资金缺口巨大，无力缴纳集中供暖入网费，协商未果。

2018 年，百悦兰廷居民代表将此问题反映至社区居委会，社区“两委”接到群众反映后，认为此事重大，将问题上报街道办，经过街道党工委会议研究决定，将此问题列为急需解决的重大问题立即展开了调查与研究。经过对居民、开发商、热力公司的走访，了解到了事情的具体情况：

居民需求迫切、开发商资金短缺、热力公司作为企业不愿承担坏账风险。针对开发商无力支付集中供暖入网费而居民又迫切需要解决集中供暖问题这一事实，街道办作出优先协商解决居民供暖问题再通过法律手段维权的决定。街道、社区联系旗政府、居民代表、开发商、热力公司先后召开了3次协商议事会议，鉴于开发商资金短缺问题，最终商议结果决定由政府垫资1/3，居民集资1/3，热力公司赊欠1/3，三方垫资债务最终由开发商负责偿还。社区工作人员将协商结果通过微信公众号发布后，得到绝大多数居民的肯定。在社区管理人员的监督下，入网工程于2018年10月底完工。11月4日，百悦兰廷小区正式开始集中供暖。

三、几点感言

一是坚持社区党委的引领作用。社区党委在居民协商议事中发挥着政治引领、意识引领的作用，能够把党的政策、方针贯穿于整个协商议事过程，是协商议事的政治保障。

二是坚持依法协商。任何协商过程都要放在法制的框架内进行，确保协商结果的合法化。

三是坚持问题导向。对损害群众利益的问题早发现、早解决，主动出击，通过协商议事的方式把矛盾解决在萌芽中，避免矛盾扩大化。

| 案例点评 |

该案例选取了小区居民需求迫切、开发商资金短缺、热力公司回避风险等涉及住户集中供暖问题作为协商议题。针对社区居民反映强烈、关系密切的现实问题，在社区“两委”严格遵循选题定事、调研明事、协商议事、结果公示和督促落实的协商民主程序，形成了居民满意的解决方案，即“由政府垫资1/3、居民集资1/3、热力公司赊欠1/3，三方垫资债务最终由开发商负责偿还”的协商效果。

在该协商案例中，社区“两委”获得好评，社区居民得到实惠，社区关系得以改善，其做法、经验和启示为“坚持社区党委的引领作用、坚持依法协商、坚持问题导向”，符合社区协商的基本准则，契合社区治理的内在要求。

打造共商共治共享格局 推进社区治理模式创新

阿拉善盟额济纳旗达来呼布镇居延社区

| 社区简介 |

居延社区成立于1979年8月，现办公房屋始建于2000年，是一个有着20多年历史的老旧社区，辖区面积3.5平方千米，现有居民2461户、6249人，其中少数民族188户、452人。辖区有7个小区、384家商铺，15个联合党支部、158名在职党员。曾荣获全国无邪教创建示范社区、内蒙古自治区“优秀志愿者”先进集体、内蒙古自治区老年人体育文化工作先进集体、阿拉善盟“创先争优”先进基层党组织、阿拉善盟“三八红旗手”先进集体、阿拉善盟民主法治示范社区等荣誉称号。

为了更好地丰富群众文化生活、开展志愿服务、弘扬正能量，根据辖区内老年人多、商铺多、单位多的特点，社区先后组建了“老来乐”秧歌协会、旗袍协会、健身舞蹈队、老年合唱队，成立了党员先锋志愿服务队、联合党委志愿服务队、巾帼志愿服务队、最炫胡杨风综合志愿服务队等。

居延社区坚持“一社区一品牌”，打造和谐稳定社区。坚持“服务党员群众，凝聚社会力量”的理念，以党建工作为引领，以便民利民亲民爱民为宗旨，以构建和谐稳定社区为目标，创新社会管理工作，努力提升服务水平，目前社区党群服务中心有五大教育阵地（党员政治思想教育阵地、法律宣传教育阵地、保护妇女儿童合法权益教育阵地、新时代文明实践教育阵地、共青团宣传教育志愿服务阵地)，不断强化七大服务功能(基层党建服务、民族宗教服务、救助帮扶服务、双拥共建综治维稳服务、爱心志愿服务、文体娱乐服务和综合便民服务)，是环境优美、功能齐全、设施完善、温馨舒适的宜居社区。

| 案例详述 |

2014年，居延社区为提高社区服务质量，在达来呼布镇党委和额济纳旗民政局的指导下，始终坚持以党建工作为引领，以提升自治能力和服务水平为目标，充分发挥议事协商组织作用，修建了老年文化活动室，引领居民有序参与社区建设，不断推进社区治理和服务走上新台阶。

一、协商事由及案例分析

2017年3月，辖区居民到社区反映，社区活动场所狭小，社区的一些老旧平房破损严重，存在安全隐患。根据居民的反映以及社区存在的实际情况，社区提出了“一事一议”项目，组织社区“两委”班子成员召开会议商议，决定将修建社区文化长廊、办公区域及污水处理等问题申请“一事一议”财政奖补项目资金问题向达来呼布镇党委申报。镇工作组对上述问题进行了调研，认为符合申报“一事一议”项目条件，同意了社区申请。社区立即召开居民大会，表决通过了“一事一议”财政奖补项目，对办公区域室内设施进行了维修，对社区内部进行路面硬化及环境美化。

居延社区紧紧围绕服务群众、凝聚人心、优化管理、维护稳定的中心任务，以服务居民群众为主线，坚持把议事协商工作纳入重要议事日程，结合实际情况，以工作标准体系化推进程序规范化。坚持广泛协商，针对不同渠道、不同层次、不同群体特点，合理确定居民切身利益的公共事务、公益事业；社区居民反映强烈、迫切要求解决的实际困难问题和矛盾纠纷等协商主要内容，搭建了社区提议、协商、决策、提交、反馈、监督等6类协商载体步骤，召开党支部会议和居民大会听取意见和建议。交流工作经验，研究社区重大事项，共同参与社区建设，形成了以社区“两委”班子主导，社区社会组织和居民广泛参与的议事协商工作格局，居民幸福感、归属感和满意度不断增强。

二、主要做法

一是选题定事，明确“议什么”。对收集到的各方面议题认真研究，严格甄别。2014年，社区通过居民议事协商，表决通过修建了居民文化场地。居民开心地说：终于有了“乐”的地方。这个“乐”子，是发自居民内心深处的切身体会。通过文化活动室的修建，社区文化队伍、志愿者队伍一个个兴起，居民们对社区的关注度提高了，凝聚了人心。

二是规范流程，明确“怎么议”。规范议题选定、会议准备和召开、公示、执行等环节，遵循社区协商流程。2017年，居延社区结合“协商于民、协商为民”的要求，促进社区拆迁过程中的利益相关者共商共建，重新修建院内50年的老旧平房，打造了阳光向上、宣传正能量的文化长廊。根据民主议事流程，积极推进社区协商民主制度化、规范化、程序化建设，形成了一批具有推广价值的社区协商民主的典型案例，探索出了一条“人人参与、人人负责、人人奉献、人人共享”的居延社区协商民主路径。

三是突出关键环节，充分尊重民意，推进社区协商。全力保障居民享有更多的民主权利，深入推进“访民情、懂民意、想问题、解难题”的四步工作方法，结合实际，选题定事、调研明事、协商议事、表决通过、结果公示、监督执行工作机制，引导辖区群众做到“自己的事情自己办，自己的家园自己建”，畅通议题收集渠道，规范议事规程，不断推进协商民主法制化、制度化、规范化发展，不断巩固党在基层的执政基础和群众基础，确保依法议事、依法办事。

四是居延社区以区域化党建为抓手，充分发挥社会组织的作用，引导驻区单位和社会组织参与社区协商工作。依托“互联网+微信群”，吸纳更多的居民参与，线上线下有效互动，及时回应居民关切。利用活动阵地，积极探索查找问题，自己提出问题，自己解决问题的“问题菜单”议案机制，解决了社区活动场所、文化阵地问题，成立了健身舞蹈协会和志愿服务组织，创新了民主协商解决问题的新思路。

三、协商结果和运用情况

2017 年 9 月，项目建设完成并投入使用，给社区居民提供了一个舒适安全温馨的服务环境。面对社区治理的新形势、新任务、新要求，居延社区积极探索以解决群众需求为目标，以协商民主为导向，推进社区协商工作的纵深发展。2018 年，居延社区居民通过议事协商，“出智献策”，服务于各行各业。2019 年，助力社区建设与发展，尤其是在金秋十月，无论多忙居民们都积极参与到文化旅游、体育赛事、交通执勤的服务行业中，充分展示了居延社区几年以来社区协商民主取得的成果；提高社区服务水平，促进边疆少数民族地区的和谐稳定发展。

| 案例点评 |

该案例选取了社区居民非常关注的社区活动场所不足和基础配套设施老化的问题作为协商议题。在社区党组织的领导和社区居委会的积极协调下，在广泛征求多方意见与建议的基础上，在充分尊重社区居民的意愿和诉求的前提下，通过完整有序的协商流程，形成了“一事一议”的社区协商模式，即采取意见表达、对话沟通、协商讨论等形式，畅通民主参与、民主决策、民主管理和民主监督等环节，使公共决策更加科学化和民主化，最终达成了共商共建共治共享的社区治理共识。

该协商案例中，根据“协商于民、协商为民”的要求，落实了“自己的事情自己办，自己的家园自己建”的目标，既提高了社区治理和服务水平，又促进了边疆少数民族地区的和谐稳定发展。

跳蚤治理案　化解烦心事

满洲里市道南街道阜城社区

| 社区简介 |

阜城社区成立于 2004 年 4 月，位于满洲里市南区阜城街南侧，辖区面积约 0.5 平方千米。社区办公服务场所面积 4274 平方米，设有“一站式”服务大厅、体育馆、草原书屋、党员多媒体室、儿童友好乐园、爱心超市、健康小屋等多个功能室。居民总户数 3986 户，总人数 9909 人，其中流动人口户数 2058 户、人数 5192 人，低保户 165 人，残障人员 136 人，享受高龄津贴 69 人。商业服务网点 196 个，机关企事业单位 5 个。社区党委现有党员 126 人，下设 3 个党支部。划分为 6 个网格，有 12 个网格员。辖区特点是整体为楼房区，人口密集，流动人口占总人口 52.3%，外地户籍迁入户居多。

阜城社区党委本着“以人为本、为民服务”宗旨，注重鼓励居民参与社区建设，不断增强辖区居民的归属感、幸福感。依托现有的 7 支志愿服务队，广泛发动群众积极参与到社区大家庭的活动中来，组织辖区居民开展了群众乐于参与、便于参与的文化活动，让群众在多姿多彩、喜闻乐见的文化活动中获得精神滋养、增强精神力量。先后开展“团结就是力量趣味运动会”“喜迎新年写春联 情暖社区送祝福”新春写春联送春联活动、“砥砺奋进，情暖社区”新春联谊会文艺演出活动、“大红灯笼高高挂，欢天喜地闹元宵”元宵节主题活动、“学习雷锋，情暖群众”义诊志愿服务活动、“巧手剪纸，共庆三八”剪纸活动、“壮丽七十周年 奋斗新时代”——庆祝新中国成立70周年红歌会、新年联谊大型晚会等活动，丰富了居民的文化生活，提升了居民群众的精神风貌。

| 案例详述 |

社区协商不仅解决了居民的急事难事，黏合了邻里关系，更为居民自治和社区治理体系构建做了有益探索。目前，满洲里市各社区已形成“民事、民议、民决”的良好氛围。

一、事由和背景

“跳蚤实在太多了，我们吃尽了苦头！”从2018年8月左右，满城新世界B区7号楼的居民便开始被跳蚤所困扰，因为地下室潮湿且有流浪猫流窜的缘故，产生了跳蚤。随着天气转暖，发现跳蚤已大量繁殖，这些跳蚤甚至已窜到了楼道和室内，多位居民身上被咬出红包，刺痒得难以忍受。大家除了勤洗澡、换衣服、涂擦风油精之外，再也找不到更好的方法了，已经影响了他们的正常生活。

二、具体做法

1. 集民意。事件发生第一时间，阜城社区协商议事委员会就解决跳蚤事件的议题召开协商会议，邀请协商议事会成员、居委会成员、居民代表、小区物业公司代表参加会议，进行“一事一议”。在讨论中，居民代表及小区物业公司代表反映出很多问题：现实需要迫切解决跳蚤消杀；小区流浪猫狗问题严重；地下室阴暗潮湿，居民乱放杂物废品。

2. 访民情。根据议事会上收集的民意，为了进一步了解真实情况，议事会联合居委会对辖区居民进行走访，了解情况、征求意见，就小区中养猫、养狗、地下室情况进行了摸底。走访后得知：居民们赞成对辖区跳蚤进行消杀；家有宠物的居民同意对宠物进行清理、消毒；有地下室的单元，居委会牵头对其清理，居民们保证不乱放杂物，保证环境卫生。

3. 议方案。根据走访和摸底情况，协商议事会提出以下解决方案：联系市防疫站派专业人员到辖区进行跳蚤消杀；家有宠物的居民要对宠物进行清理、消毒；小区物业要对社区内流浪猫狗进行清理、消毒；居委会及物业公司牵头将辖区地下室清理干净，并在日常随时走访查看。

解决方案提出后，协商议事会再次邀请议事会成员、市防疫站代表、物业公司代表、居委会委员、居民代表等就提出的方案进行讨论，得到一致通过。

4. 抓落实。方案通过后，协商议事会抓紧落实，第一时间做好居民安全卫生宣传，督促市防疫站确定消杀日期、消杀范围。消杀当日，工作人员到达现场之后，根据该楼出现跳蚤的程度对单元的地下室、楼道的跳蚤进行了消杀。经过两个多小时的努力，消杀工作才完成。协商议事会积极帮助居民及物业公司联系宠物店对宠物进行清理、消毒。居委会和物业公司牵头将辖区地下室清理干净，居民保证不乱放杂物、保持整洁。

跳蚤事件解决后，居民反映跳蚤不见了，居住环境变得整洁优美了，幸福感提升了。居民们对协商议事会的解决方案及成果感到满意，认识到了社区协商的必要性与可行性。

| 案例点评 |

该案例选取了社区居民关心的“跳蚤扰民事件”作为协商议题。在社区党组织的领导下，在广泛征求多方意见和建议的基础上，通过规范的协商流程，充分考虑多方诉求后，形成了由社区协商议事会成员、市防疫站代表、物业代表、居委会委员、居民代表等多元主体联动机制，以居民群众的服务需求为导向，及时回应居民的需求，落实了居民群众主人翁的地位，有效地促进了民主发展和群众支持的良性互动，达成了“民事、民议、民决”的协商共识。

该协商案例中，既有程序性的规定，又有技术性的要求，更需要多方参与，协同治理，才能最大限度地满足社区居民日益增长的美好生活需求。

推行议事协商　共建和谐家园

二连浩特市南苑社区

| 社区简介 |

南苑社区成立于2012年初，辖区面积约3平方千米，现有住户1768户、人口4887人，其中户籍人口362户、935人，流动人口1406户、3952人。共有4个规模住宅小区，3栋独栋商住楼和工业园区库房区，5家企事业单位。

社区社会服务管理中心总建筑面积为1718.5平方米，设有社区党建、综合事务、社会保障便民咨询窗口，实行"一厅式"办公、"一站式"服务，可为社区居民提供方便、快捷、优质的社区服务。

| 案例详述 |

一、案例背景

南苑社区前卫豪庭小区2012年建成，由于开发商资金链断裂，小区只有部分住宅交付入住，基础设施不完善，入住居民不到100户。由于入住业主少，物业管理成本高，小区业主接受不了，物业公司难以维持，导致旧的物业公司撤出，其他物业公司都不愿意入驻。小区物业管理成为入住居民最关注、最需要迫切解决的问题。为深入推动并解决前卫豪庭物业管理问题，结合小区实际，针对存在的问题和困难，社区党工委多次调研，认真分析，最后决定：居民的事，由居民自己协商解决。社区工作人员积极行动，全面开展宣传动员，指导小区成立业主委员会，组织召开业主大会，充分发挥居民议事协商作用，推动解决这一突出问题。通过社区议事协商会，引导小区居民积极参与小区治理，共同商讨小区物业管理的解决办法，行使业主权利，履行业主义务。在涉及小区物业管理收费、环境卫生整治、基础设施维护等事务全部由小区业主委员会组织，全体业主集体决策，使小区居民的参与权、决策权、知情权得到充分保障，也让社区议事协商成为体现小区居民主人翁地位的重要平台。

二、协商流程

（一）案例详情

前卫豪庭住宅小区，建有住宅298套。2012年，小区6、7、9、10四栋住宅交付使用，入住居民76户。由于该小区开发商在建设后期出现债务纠纷，其他楼栋和附属设施没有按期建设完成。业主入住后，在小区绿化、监控、门禁、亮化等方面存在诸多缺失，小区物业管理成为入住业主的头等大事。由于入住业主少，基础设施不完善，没有物业公司愿意进驻小区。小区居民多次到社区反映相关情况，寻求解决办法。社区“两委”和多家物业公司进行洽谈，最终无果而终。为尽快解决小区物业管理这一难题，社区党工委多次深入小区开展调研走访，听取居民意见建议，进行全面分析定位，最终决定小区物业采取小区业主准物业管理模式自行管理。

（二）具体做法

为加快解决小区物业管理难题，社区“两委”成员全体行动，广泛开展宣传动员，牵头组织选举小区业主委员会，让入住的业主自行推荐单元长和楼栋长，对推荐人选公开表决，经社区公示无异议后，召开小区业主大会，选举产生前卫豪庭业主委员会，主要成员由人大代表、退休干部、在职职工、流动人口等不同身份人员组成。

业主委员会产生后，就小区物业管理问题进行议事协商，经全体业主同意后，决定小区物业由业主委员会组织管理，负责物业费收支、保洁人员招聘和管理，并定期公开物业费收支情况，确保业主对物业管理的知情权。

三、协商成效

通过议事协商，推选出小区业主委员会，共同商定小区物业管理事务，有效推进居民自治，提高居民自我管理意识，共同维护小区环境整洁、人际关系和谐。

（一）通过议事协商，居民的主人翁意识明显提高

南苑社区流动人口占比达总人口的75%，对城市的归属感和主人翁意识不强，在思想认识上没有把小区当作自己的家，没有把小区治理当作自己的事，认为只有在房子里的事才是自己的事，出了家门就和自己无关。由于思想认识的原因，导致小区治理长期依靠政府和社区，居民自治没有发挥作用，治理的民主化没有真正实现。通过议事协商，让居民自己做主；通过采取协商方式解决社区问题，让居民决定和自己生活息息相关的事，处处凸显居民在决定小区治理相关事务的主人翁地位，把小区治理的知情权、决定权、管理权归还给居民，让小区居民自己说了算，提高居民归属感，改变居民思想认识，居民主人翁意识得到明显提高。

（二）通过议事协商，居民议事决策的渠道更加畅通

一个新建的小区，一群陌生的人，各居各家，互不相识。面对小区物业管理难题，大家无从下手，只能找社区帮忙。针对小区实际，社区“两委”决定组织居民召开议事协商会，一个一个地通知，一场一场地开会，从一言不发到畅所欲言，从陌生到相识，从各抒己见到凝聚共识，最终找到适合小区实际的物业管理办法——业主自治。议事协商为居民相互沟通搭建了平台，通过议事协商共同解决居民自己的事情，让议事决策形式更加简便、渠道更加畅通。

（三）通过议事协商，维护了基层社会和谐稳定

物业管理矛盾常有发生，这种不具备物业公司入驻的“半拉子”小区更是物业管理中的大难题，即居民入住没人管、物业公司不愿管、政府部门不好管。通过议事协商，形成“准物业管理”这一独特的物业管理模

式，有效化解了物业管理难题，根本解决了没人管、不愿管、不好管等问题。这种做法和经验在辖区推广后，因物业管理矛盾造成的信访事件再没有发生过，居民对准物业的满意率达98%，有效维护了社会的和谐稳定。

| 案例点评 |

该案例选取了社区内小区居民关注的物业管理和服务难问题，即居民入住没人管、物业公司不愿管、政府部门不好管问题作为协商议题。社区“两委”结合小区实际，针对物业管理和服务存在的问题和现实的困难，经过多次调研与摸底之后，认真分析可行之策而作出最后决定，即应当由居民自主协商决定。社区“两委”积极宣传动员，帮助指导小区成立业主委员会，就物业自管问题进行议事协商，使小区井然有序地建设发展；在社区党组织的领导和业主委员会的努力下，在广泛征求多方意见与建议的基础上，通过合理规范的协商流程，借助议事协商机制，形成了推选出业主委员会的共识，共同商定物业管理实务，有效推进居民自治，提高居民自我管理意识，共同促进小区发展和人际关系和谐。

该协商案例中，协商议题的征集具有广泛性，协商主题的选取具有代表性，协商流程具有规范性，协商成果（决议）具有可操作性。

后　记

城乡社区是社会生活共同体、居民参与联合体、社区资源复合体和社区活动有机体，城乡社区协商是协调社区关系的手段、推进基层治理的形式、满足居民诉求的实践和汇集社情民意的举措，故为了发展基层民主、助推社区治理、孕育协商精神、培育协商文化及引导居民依法表达意见，需要坚持党建引领带动作用，开展形式多样的基层协商，推进城乡社区协商制度化、规范化和程序化，才能创造政府治理同社会调节、居民自治良性互动的善治局面。

近年来，在自治区党委、政府的坚强领导下，自治区民政系统立足基层社会实际，围绕完善城乡社区治理体制机制、提升城乡社区服务水平、提高城乡社区治理能力等目标要求，不断拓宽社区协商的范围和渠道，丰富社区协商的内容和形式，保障城乡居民充分行使民主权利，推动全区城乡社区协商取得积极进展。

在落实社区协商文件精神、开展社区协商实践和评选社区协商案例的全过程中，自治区党委宣传部把握方向、自治区民政厅组织管理及内蒙古工业大学专家团队智力支持，面向2015年以来全区开展社区协商实际，优选了具有地区特点、民族特点和时代特点的50个社区协商案例。这些案例内含了可推广、可操作的社区协商经验，但尚待于深入开展实践创新和理论创新工作，其中“社区简介”“案例详述”部分由各盟市民政局基层政权建设和社区治理科负责人组织撰写，自治区民政厅组织人员修改编辑，“案例点评”部分由特日格乐副教授、黄利霞副教授带领社会工作研究生

（城乡社区治理方向）予以阅读学习和简要评价，并由范景武教授审阅和修改，最终形成了一定范围内具有示范意义和推广价值的社区协商案例选编。

编　者

2021年2月